Feng Shui

questions-réponses

Vient de paraître, chez le même éditeur :

Le Feng-Shui facile avec la méthode des 8 palais, Hélène Weber

www.tredaniel-courrier.com
info@guytredaniel.fr

ISBN : 2-84445-257-4

Bien-être chez soi et harmonie au bureau

Feng Shui
questions-réponses

Hélène Weber
Marie Anne Garcia Bour

Guy Trédaniel Editeur
19, rue Saint-Séverin
75005 PARIS

SOMMAIRE

le FENG SHUI en 280 QUESTIONS-RÉPONSES

Pourquoi cet engouement soudain pour le Feng Shui, cet art chinois très ancien ? On doit bien sûr, cette attirance au développement des voyages et des médias sur notre petite planète. Mais, nous sommes la première génération à avoir accès à ce savoir qui, au cours des siècles, a toujours été réservé aux seuls initiés. Depuis très peu de temps l'on peut apprendre le Feng Shui à l'aide de livres et de conférences. **Il y a encore trente ans, il n'était enseigné que de maître à élève.** Ce dernier devait passer de longues années auprès de son maître à étudier et souvent même, il le suivait dans ses grandes randonnées à travers la campagne à la recherche de sites possédant un bon Feng Shui. Le maître n'enseignait pas au sens occidental du terme. Il appartenait à l'élève de saisir ses intentions.

L'élément bois
symbolisé par les plantes, les fleurs, représente la direction du sud-est.

Le maître n'avait que très peu d'élèves et, à **celui qu'il considérait comme le meilleur, il laissait tous ses secrets.** Cette transmission se faisait généralement à la fin de sa vie, par le don de ses livres à son disciple. Il reste tant de formules et de savoirs qui ne sont pas dévoilés. Certains grands maîtres les gardent jalousement comme on protège une marque de fabrique. D'autres secrets se trouvent en Chine dans des écrits qui risquent d'être perdus à jamais. On peut comparer les grands maîtres à ces escrimeurs prodiges qui ne dévoilent leur botte secrète qu'à leurs chers élèves. C'est ce qui explique, en partie, les différences d'enseignements que l'on relève dans les livres consacrés au Feng Shui. Chaque maître pratiquant une formule plutôt qu'une autre et consacrant souvent sa vie à l'améliorer.

La formule du dragon d'eau

Maître Yap Cheng Hai a reçu ainsi des mains de son vieux maître Chan Chuan Huay qui vivait à Taïwan, un livre sur la puissante formule du dragon d'eau. C'est en pensant à cette fameuse formule que Master Yap, qui est mon maître, s'est exclamé : si vous vivez en appartement, vous ne deviendrez jamais très riche. Cette formule ne peut en effet être appliquée que dans les maisons entourées d'un terrain. Elle a pour réputation de rendre très riches tous ceux qui l'appliquent correctement.

Faire soi-même son bilan Feng Shui

Vous recherchez un cadre de vie et de travail plus harmonieux ? Cet ouvrage très pratique et très concret vous aidera dans votre effort de transformation. Comme c'est par l'exemple que l'on peut le plus facilement comprendre les principes du Feng Shui, voici un questionnaire à feuilleter pour trouver la réponse à chaque question précise que vous vous poserez.

Faire soi-même le bilan Feng Shui de sa maison et de son bureau est tout à fait possible. Suivez les conseils de ce manuel qui vous explique pas à pas comment corriger les défauts de votre environnement et mettre en valeur ses points positifs.

LE FENG SHUI

EN BREF

Le Feng Shui, vent et eau en chinois, est un art qui s'appuie sur l'interaction des énergies du cosmos et de la terre. Son but est l'harmonie des hommes avec leur environnement et ses règles, qui ont été établies par des sages chinois, il y a plus de trois mille ans, sont toujours d'actualité. De nombreux ajouts y ont simplement été apportés au cours des siècles, sans jamais abandonner les vieux préceptes.

Cet art, fondé sur la théorie que l'harmonisation des énergies de l'environnement pouvait améliorer la qualité de vie, donne-t-il vraiment des résultats aussi miraculeux qu'on le prétend ? La réponse est plus nuancée. Il est exact qu'on a pu souvent observer des changements bénéfiques après qu'une maison ou un bureau aient été adaptés aux exigences du Feng Shui. Mais le Feng Shui n'est pas magique. Les changements ont pu s'avérer beaucoup plus lents à se mettre en place, apportant toujours cependant un sentiment de bien-être et d'harmonie chez ceux qui l'ont appliqué.

Eléonore a fait venir un expert en Feng Shui dans son appartement et a suivi à la lettre toutes ses consignes. A quelque temps de là, une amie lui demande si elle a doublé ses revenus depuis la venue de l'expert. Et l'amie est surprise d'apprendre que les choses ont progressé très lente ment. Pourtant, Eléonore a fait un immense progrès, car elle a abandonné un métier qui ne lui convenait pas du tout et s'est lancée dans l'écriture de scénarios. Elle en rêvait depuis toujours, sans avoir le courage de se lancer. Enchantée de sa nouvelle vie, Eléonore est persuadée que c'est l'harmonie qui règne maintenant dans son appartement qui l'a aidée à réaliser ce changement.

Le Feng Shui, c'est aussi cela : avoir assez de force pour poursuivre le but que l'on s'est fixé parce que chaque jour, chaque nuit, on vit dans un environnement harmonieux. Les énergies qu'il dégage nous rechargent. Parfois un "miracle" demande beaucoup de travail. Un temps plus ou moins long peut s'écouler avant que le bien-être que l'on ressent à l'intérieur de soi passe dans notre vie de tous les jours. Il y a plusieurs raisons à cela.

La chance florissante
Les Chinois envoient souvent à leurs proches cet idéogramme porte-bonheur.

Tous les êtres humains naissent avec trois chances, ce terme étant pris dans le sens de destinée :

La première chance est la chance du ciel

Ce sont les énergies qui ont marqué d'une empreinte indélébile le nouveau-né quand il a jeté son premier cri. Ce que certains appellent le destin. D'autres diront plus simplement "les évènements qui nous tombent dessus".

La deuxième chance est la chance de l'homme

C'est la chance de ceux qui se battent contre les événements contraires et ne perdent pas courage. C'est également la force de ceux qui reconnaissent une chance qui passe et savent en tirer parti.

La troisième chance est la chance de la terre

Et c'est exactement le Feng Shui. Quand tout va bien, que la chance du ciel est au zénith, le Feng Shui aide à monter encore plus haut. Quand tout va mal, quand on touche le fond, un bon Feng Shui donnera l'énergie nécessaire pour redémarrer. Lorsque le ciel est vraiment contraire et que les circonstances sont si difficiles, toute amélioration sera providentielle. Le Feng Shui, c'est aussi cette petite passerelle de bambou qui permet de laisser le pire derrière soi.

Le soleil autant *que la flamme des bougies symbolisent le plus yang de tous les éléments : le feu.*

Qu'attendre du Feng Shui ?

En unissant à la fois la chance de l'homme et celle de la terre, une énergie très forte et harmonieuse se crée qui fait barrière aux problématiques de la vie.

La chance de la terre a cela de merveilleux qu'elle représente un destin que l'on peut transformer et améliorer si l'on applique bien les règles du Feng Shui.
Cet art aide à prendre véritablement possession de son habitation et à en tirer tout le parti qu'elle peut offrir. Chaque zone de la maison comporte différentes énergies qui changent avec le temps et informent sur ce que la maison peut apporter de positif ou de négatif. Quand une maison pose des problèmes, il faut les régler ou les atténuer par des méthodes adaptées, mais on peut aussi se demander si la maison ne nous donne pas là une leçon, un enseignement à tirer pour progresser personnellement.

■ *Les parents d'Etienne, 25 ans, l'ont aidé financièrement à acheter un petit appartement. Ils espèrent que cela le poussera à se marier. Ils rêvent d'être grands-parents. Mais le plan de l'appartement n'a pas une forme régulière. Les secteurs sud-ouest et ouest, représentant respectivement le couple et les enfants sont manquants. En revanche, le secteur nord qui représente la carrière et le secteur sud-est, la prospérité, sont bien mis en valeur dans le living. Quand on interroge Etienne, il avoue qu'il ne songe pas du tout à se marier pour l'instant. Il vient d'être embauché dans une grosse boîte et n'a pour le moment en tête qu'un plan de carrière réussi et une amélioration financière. Cet appartement lui convient tout à fait car il sait qu'il n'est pas en mesure, pour l'instant, de fonder une famille. Il y a fort à parier qu'une fois ses premiers objectifs de carrière atteints, Etienne songera à déménager et comblera les vœux de ses parents dans son prochain logement.*

Aucune maison n'est choisie par hasard.
Tel appartement que l'on pensait avoir élu pour sa belle cheminée ou la proximité du bureau, correspond en fait, à un moment du destin. La décision, même par nécessité, d'habiter un lieu, est par elle-même une approbation tacite.

"Vous croyez choisir votre maison et c'est elle qui vous choisit", dit malicieusement Yaguel Didier, la célèbre voyante parisienne.

LES ÉCOLES
DE FENG SHUI

"Dans mon dernier appartement, raconte Edith, coach, le secteur de la créativité était clairement dans les toilettes ! Pendant trois ans et demi, je n'ai pas progressé dans mon activité. Il a suffi que je déménage dans un appartement possédant un meilleur plan pour que ma vie professionnelle passe à la vitesse supérieure. J'ai mis en place une formation qui a rencontré immédiatement beaucoup de succès."

Lorsqu'on commence à faire évoluer le Feng Shui de sa maison, par soi-même, ou en faisant appel à un expert, on intervient tout simplement sur le déroulement de sa propre vie. Lorsqu'un changement de cap heureux se présentera, le Feng Shui aidera à faire cette transformation. Faire entrer le Feng Shui dans sa vie n'est jamais une décision anodine.

Dans une maison, il faut chercher à comprendre le pourquoi des énergies difficiles ainsi que les possibilités heureuses qu'elle offre et dont il faut profiter. Un bon maître de Feng Shui pourra détecter ces énergies et les mettre en lumière dans le contexte de vie de ses occupants. Mais un amateur de Feng Shui, en utilisant des règles simples, parviendra à accomplir des merveilles, et ce livre souhaite simplement l'aider à y parvenir.

Dans cet ouvrage, nous appliquerons à la fois l'Ecole de la Forme et l'Ecole de la Boussole qui sont les deux enseignements pratiqués à Taiwan, Hong Kong et tout le sud-est asiatique, partout où la diaspora des riches Chinois s'est installée après la révolution chinoise de 1946. Ces deux écoles sont le plus souvent pratiquées ensemble, avec des détails qui diffèrent selon les habitudes des maîtres de Feng Shui.
L'Ecole Traditionnelle Chinoise de la Boussole est la plus couramment pratiquée à Hong Kong et à Taiwan.

L'école Chinoise des Formes :

Dans cette école qui est la plus ancienne, la construction des maisons se fait suivant des principes bien établis qui s'appuient sur une configuration spécialement bénéfique du paysage :

- Au nord se trouve le site de la tortue noire, c'est l'arrière de l'habitation qui doit être protégée par une colline.
- A l'est, sur le site du dragon vert se trouve une colline beaucoup plus basse.
- A l'ouest, le site du tigre blanc, apparaît une colline encore plus basse.
Les pentes remontent doucement de chaque côté de la maison, plus hautes à l'est qu'à l'ouest.
- Le site du phœnix rouge, le devant de la maison, face au sud, doit toujours avoir une vue dégagée si possible sur une rivière ou sur la mer.

Les Chinois appellent ce site le *xué*, c'est-à-dire la rencontre entre le dragon vert et le tigre blanc. Autrefois, la recherche d'un site avec un bon *xué* pouvait durer très longtemps et obliger le maître de Feng Shui a parcourir dix à douze kilomètres par jour pour le trouver. Hong Kong a été construit sur un *xué*.

Eva Wong, une Chinoise de Hong Kong établie dans le Colorado, aux Etats-Unis, a écrit un très bon livre sur toutes les différentes sortes de montagnes à dragons. Son grand oncle était un maître de Feng Shui à Hong Kong. Pendant sa jeunesse, elle l'a suivi dans les montagnes à la recherche des sites aux configurations bénéfiques. Elle continue à parcourir chaque jour dans les montagnes une dizaine de kilomètres à la poursuite de ses chers dragons.

De nos jours où les constructions sont sévèrement réglementées, on pourrait croire qu'il n'y a plus de place pour cette école. C'est tout le contraire qui se produit. L'Ecole des Formes est plus vivante que jamais. Le Feng Shui est toujours basé sur la recherche des quatre animaux mythiques dans un paysage, afin de trouver le site idéal pour une maison. Mais les montagnes ont été remplacées par les immeubles, les rivières sont devenues des routes et des rues et les fleuves impétueux, des autoroutes. Tout au long de cet ouvrage il sera question de ces quatre animaux mythiques :

La tortue noire protège notre dos. Cela se traduit par l'obligation d'avoir un mur plein derrière sa tête de lit pour dormir, ou derrière sa chaise pour travailler. Jamais de fenêtre ou de porte derrière soi.

Avoir le dos protégé pour bien travailler, nous vient sans doute des temps préhistoriques : l'homme qui était resté

Le luo pan est *une boussole élaborée. Le sud est placé en haut.*

imprudemment le dos à l'extérieur de la caverne, était le premier emporté par les animaux féroces ou le premier tué par les flèches ennemies. Ont survécu tous ceux qui ont ressenti l'absence de protection du dos comme une faiblesse. Les animaux féroces ont disparu, mais la peur est restée préprogrammée dans notre cerveau primitif, ce qui expliquerait que l'on soit si mal à l'aise dans cette absence de protection.

Le phœnix rouge, *aussi représenté par le coq,* c'est l'espace libre devant la porte, c'est aussi l'entrée d'immeuble dégagée, la table de bureau sans dossiers devant les yeux, mais bien en piles de chaque côté, ou encore le devant de la boutique sans obstruction.
Le dragon vert c'est la colline à gauche de la maison, c'est aussi la maison ou l'immeuble qui, en ville, remplace la colline.
Le tigre blanc c'est la colline à droite de la maison ou en ville, le bâtiment que l'on a sur sa droite.

Devant la maison, le côté gauche devra être de préférence plus haut que le côté droit et non l'inverse. Le dragon vert à gauche et le tigre blanc à droite. Le dragon est toujours bénéfique, le tigre aussi, tant qu'il est plus petit que le dragon, car c'est lui qui tient le tigre tranquille. Même pour dormir, il faut se souvenir du dragon et du tigre : c'est-à-dire disposer une table de nuit de chaque côté du lit pour avoir le soutien des deux animaux mythiques.

L'école Traditionnelle Chinoise de la Boussole

Elle utilise les principes de l'Ecole des Formes avec ses quatre animaux mythiques, mais elle y associe également l'élément temporel de toutes choses y compris des énergies. Elle utilise le *luo pan*, sorte de grande boussole et se sert des huit trigrammes du *Yi Jing*, le symbole du *ba gua* aux huit côtés, et le carré magique *luo shu* utilisé pour diviser la maison en neuf secteurs. Ces instruments servent à mesurer la qualité des énergies que l'on appelle le *qi* à un endroit donné, à un moment donné, c'est-à-dire l'interaction du cosmos et de la terre.

Le yin et le yang

La théorie du *yin* et du *yang* domine toute la pensée chinoise. Dans l'univers qui nous entoure, il n'y a qu'une chose qui ne change pas : c'est le

changement, le flux éternel des transformations. Celui qui est au sommet du *yang* ne peut que redescendre et tout le travail du maître de Feng Shui consistera à rechercher la voie du juste milieu dans l'habitation pour que les énergies ne soient ni trop fortes, trop *yang*, ni trop faibles, trop *yin*.
Le *yin* et le *yang* sont représentés par un symbole appelé le *taiji*. Le *yang* est blanc avec un point noir, et le *yin* est noir avec un point blanc. Ce qui signifie que rien n'est complètement *yang* ni complètement *yin*; car il y a toujours un peu de *yin* dans le *yang* et un peu de *yang* dans le *yin*.

Le yang c'est la lumière, le soleil, les nombres pairs, le ciel, l'homme, le chaud, la montagne, la vie, l'été.

Le yin c'est l'ombre, la lune, les nombres impairs, la terre, la femme, le froid, l'eau, la mort, l'hiver.

L'énergie *yang* monte, l'énergie *yin* descend.
L'une n'existe pas sans l'autre et chacune a besoin de l'autre pour exister.
Les principes du *yin* et du *yang* sont consignés dans le *Yi Jing* ou *Livre des transformations*.
A la fois livre divinatoire et de pensée philosophique, c'est le livre le plus ancien de Chine. On calcule qu'il a été écrit il y a 4 500 ans. Au fil de ses pages, il insiste sur la nécessité de rechercher l'équilibre et l'harmonie entre les deux influx contraires que sont le *yin* et le *yang*. Le Feng Shui est une application pratique du *Yi Jing*.

Dans ce livre, le *yin* et le *yang* sont résumés symboliquement par trois lignes brisées pour le premier et trois lignes pleines pour le second.
Ce sont les trigrammes de la mère et du père. Puis viennent les six enfants. Les huit trigrammes ainsi obtenus donnent naissance aux soixante-quatre hexagrammes qui servent à l'étude du *Yi Jing*.

La recherche de l'équilibre entre ces deux absolus que sont le *yin* et le *yang* résume le *Dao* ou *Tao*, la voie. Il fait partie de tout le système de pensée philosophique chinoise, mais aussi de l'écriture, de la médecine et du Feng Shui.

Si vous souhaitez en savoir plus sur le *Yi Jing*, consultez le livre de Richard Wilhelm, écrit au début du XXème siècle et qui est la référence sur le sujet.

L'élément terre est *représenté aussi bien par Gaia, notre terre mère que par les montagnes ou un bloc de cristal de roche.*

LE CHI ET LES CINQ ÉLÉMENTS

"L'énergie est de la matière et la matière est de l'énergie".
EINSTEIN

Au début du XX ème siècle, les scientifiques occidentaux ont découvert que tout ce qui nous entoure est énergie. Il y a des centaines d'années, les Chinois avaient imaginé un monde où l'énergie était à l'origine de l'univers. Au commencement, le *qi*, c'est ainsi que les Chinois désignent l'énergie, était une seule et même énergie qui s'est peu à peu diversifiée pour créer le monde qui nous entoure.

On ne voit pas les énergies circuler dans l'air, de même que l'on ne voit pas les ondes de la radio. Il suffit cependant de brancher un poste de radio ou de télévision pour qu'elles deviennent réalité. Ces énergies qui nous entourent sont de diverses natures et sont réparties en cinq éléments : le bois, le feu, la terre, le métal et l'eau. Vous pouvez aussi les représenter symboliquement par une couleur, un nombre, un animal, une forme. Voici quelques symboles que vous pouvez utiliser chaque fois que vous voudrez apporter un peu plus d'un élément dans un secteur de votre maison.

L'élément bois est représenté par :
la couleur verte, le turquoise, toutes les plantes - les arbres, la forêt, les fleurs, l'herbe - les meubles en bois, les objets de bois, la forme du rectangle, la direction de l'est (grand bois) le chiffre 3, le dragon vert, le tonnerre et le fils aîné, la direction du sud-est (petit bois,) le chiffre 4, le lièvre, le vent, la fille aînée et la saison du printemps.

L'élément feu est représenté par :
la couleur rouge, le bordeaux, l'orange foncé, le violet prune, les lumières, la cheminée, les lanternes et tout ce qui éclaire, soleil compris, la forme du triangle, la direction du sud, le phœnix rouge, le cheval, le chiffre 9, la fille cadette, l'été.

L'élément terre est représenté par :
la couleur jaune, ocre, marron, orange clair, les objets en terre cuite, les pierres, le cristal de roche, toutes les pierres précieuses et semi-précieuses ainsi que les cailloux, la céramique, la forme du carré, la direction du sud-ouest (grande terre), le chiffre 2, le globe terrestre, la mère, la direction du nord-est (petite terre), le chiffre 8, la montagne, le benjamin, les demi-saisons, comme l'été indien.

Cycle de création
(ci-contre)
Cycle de destruction
(ci-dessous)

L'élément métal est représenté par :
les teintes métalliques et par défaut le blanc, les objets en métal, or, argent, cuivre, mobilier en métal, voitures et avions, la forme de la sphère, la direction du nord-ouest (grand métal) le chiffre 6, le ciel, le père, la direction de l'ouest (petit métal), le chiffre 7, le tigre blanc, la benjamine, l'automne.

L'élément eau est représenté par :
la couleur noire, le bleu, l'eau - la mer, les fleuves, les fontaines, les aquariums, les formes en vagues, la direction du nord (eau), le chiffre 1, la tortue noire, le fils cadet, l'hiver.

Chaque élément fait partie d'un cycle de création où il donne naissance à l'élément suivant dans un ordre immuable et harmonieux. Chaque élément fait également partie d'un cycle de destruction où il détruit un autre élément dans un ordre immuable et agressif. Chaque cycle est nécessaire pour obéir à la permanence du changement de notre univers.

Idéalement les cinq éléments sont reliés dans un ordre de production : le bois permet le feu qui donne naissance à la terre qui produit le métal qui produit l'eau (il se liquéfie). Et l'eau produit le bois. Il existe également un cycle de destruction. Le bois épuise la terre. La terre trouble l'eau qui éteint le feu. Le feu fait fondre le métal qui fend le bois.

L'étude de l'interaction des cinq énergies est le fondement et la finalité du Feng Shui.
Concrètement, lorsque la présence d'un élément est trop forte, donc nocive, on cherchera soit à le neutraliser en introduisant l'élément qu'il produit, ce qui l'affaiblira, soit à le contrer en mettant en sa présence l'élément qui le détruit.

Lorsque la présence d'un élément est trop faible dans une pièce, on veillera à éliminer du secteur les éléments qui lui sont néfastes. Et on cherchera à développer l'élément affaibli par des objets qui le représentent. On pourra également placer dans la pièce l'élément producteur.

Mais il arrive également que l'agressé devienne l'agresseur, ainsi par exemple : beaucoup de feu fait évaporer l'eau.

■ *La fenêtre d'Anita ouvre sur le nord-ouest. Elle n'avait pas osé changer la couleur de ses stores qui sont rouge-orangé comme ceux de toutes les fenêtres du voisinage bien qu'elle sache que ce n'est pas une bonne couleur dans cette direction : le feu de ses stores éteint le métal du nord-ouest. Elle a donc planté beaucoup de fleurs blanches sur son balcon et installé quelques objets de poterie représentant l'élément terre qui crée le métal. Mais quand les stores ont été déchirés par un fort coup de vent, elle a commandé les nouveaux orangé pâle, une couleur qui correspond à la terre qui nourrit le métal du nord-ouest. Les stores ne détonnaient pas avec ceux de ses voisins qui avaient été décolorés au fil des saisons et des pluies et elle était en accord avec la si importante direction du nord-ouest : c'est la direction du patriarche, du maître de maison en général et aussi des mentors, des gens qui aident.*

élément	*créé par*	*affaibli par*	*dominé par*	*se fatigue à dominer*
le bois	l'eau	le feu	le métal	la terre
le feu	le bois	la terre	l'eau	le métal
la terre	le feu	le métal	le bois	l'eau
le métal	la terre	l'eau	le feu	le bois
l'eau	le métal	le bois	la terre	le feu

Le ba gua

Le ba gua est la représentation sur un octogone des trigrammes du Yi Jing avec leurs directions correspondantes sur la rose des vents. A chacun des huit trigrammes du Yi Jing correspond une des huit directions de la rose des vents.

Il existe deux ordres d'arrangement des trigrammes sur le ba gua. Le premier s'appelle l'arrangement du Ciel antérieur. Il représente l'équilibre et l'harmonie statique d'un monde idéal. Cet ordre est le plus ancien et il est utilisé pour les habitations *yin* des morts. Il faut savoir qu'encore de nos jours, le patriarche d'une famille chinoise à Taiwan ou à Hong Kong se préoccupe très à l'avance de faire rechercher le meilleur emplacement pour son tombeau. Car si la tombe de leurs ancêtres a un bon Feng Shui, les descendants jouiront d'une grande chance. Tous les grands maîtres travaillent des années sur le Feng Shui des tombes.

■ *On raconte que la tombe de la mère du Président Deng Xiao Ping avait un si bon Feng Shui qu'elle aurait eu le pouvoir de faire de son fils un Empereur. Et la petite histoire dit que Deng Xiao Ping n'a jamais voulu révéler où se trouvait cette tombe de peur que ses ennemis ne détruisent ses bons influx par des actes malveillants.*

On se sert du ba gua du ciel antérieur comme protection en le suspendant au dessus de sa porte à l'extérieur. On ne doit jamais le placer à l'intérieur. Sa force *yin* n'a pas sa place dans une habitation *yang* qu'il détruirait. Etant donné sa force, cette protection est à manier avec beaucoup de précaution. On ne s'en servira que pour contrer un très gros obstacle. On choisira de préférence un ba gua avec en son centre un miroir convexe, car il renverra dans toutes les directions les énergies négatives que l'on appelle les flèches secrètes,

comme un toit pointu, une rue en T, un angle d'immeuble. Un miroir plat renverra les flèches secrètes vers celui qui les a émises, lui causant du tort. Un miroir concave absorbe les énergies difficiles, mais peut s'avérer trop faible si les énergies émettrices sont trop écrasantes comme un pylône électrique ou des lignes à haute tension.

Au lieu d'utiliser un ba gua avec le risque de l'employer d'une façon erronée et nuisible pour soi ou pour les voisins, il est préférable de se servir de miroirs convexes qui renverront les énergies difficiles dans l'atmosphère. Les miroirs qui servent à sortir des garages, d'un diamètre de 30 centimètres sont parfaits. Partout où vous avez des poteaux, des colonnes, un arbre isolé, une parabole, des fenêtres ou des toits triangulaires dirigés vers votre porte d'entrée ou vers une de vos fenêtres, vous pouvez fixer un miroir convexe rond vers la flèche qui dégage le *sha qi*. Ne le mettez pas sur votre porte qui doit laisser entrer les énergies. Il doit être installé au-dessus.

■ *A Hong Kong, dans certains quartiers, il y a tant de miroirs de protection sur les façades des maisons et les portails qu'ils gênent la circulation des voitures, surtout la nuit quand les phares se reflètent dedans. La police passe de temps en temps les enlever. Une semaine après, tous les miroirs sont de nouveau en place. Il vaut mieux braver la police que le sha qi.*

La deuxième façon dont sont arrangés les trigrammes sur le ba gua s'appelle l'arrangement du ciel postérieur. Il représente les transformations du monde où nous vivons avec l'évolution cyclique des quatre saisons selon le principe du *yin* et du *yang*. Les deux premiers mois de chaque saison représentent un élément. Le printemps : le bois, l'été : le feu, l'automne : le métal, l'hiver : l'eau. La terre représentant le troisième mois de chaque saison. Le ba gua du ciel postérieur concerne les habitations des vivants. Et c'est lui qui nous occupe ici.

Le sud étant symbolisé par le feu, l'été, l'air chaud qui monte quand le soleil est au zénith, cela pourrait expliquer que les Chinois représentent le sud en haut et le nord en bas.

Or, argent, ou tout *simple fer représentent l'élément métal, accentué ici par la forme sphérique qui lui correspond.*

LE TRIGRAMME PERSONNEL (OU KUA)

Chaque direction correspond à un élément, une saison, une couleur et à un nombre que l'on nomme le trigramme personnel.
Ce trigramme personnel détermine pour chaque année de naissance quelles seront les bonnes directions et celles qui sont difficiles pour chaque individu. On dit que leur trigramme personnel est leur gardien.

Il sert à déterminer pour chaque individu quelles sont ses bonnes directions pour dormir, s'asseoir à son bureau, connaître la meilleure orientation de la porte d'entrée de sa maison.

On distingue les personnes des maisons de l'est et celles de l'ouest. Les personnes de l'est auront le nord, le sud, l'est et sud-est comme bonnes directions, alors que ce seront des directions difficiles pour les personnes de l'ouest.
Les personnes de l'ouest auront le sud-ouest, le nord-ouest, l'ouest et le nord-est comme bonnes directions, alors que ce seront des directions difficiles pour les personnes de l'est.
Les individus d'un même groupe sont compatibles entre eux. Il leur est plus facile de choisir une maison ou la position du lit parce qu'ils ont les mêmes directions favorables et défavorables et ils se comprendront mieux s'ils sont associés.

Pour trouver son trigramme personnel, le calcul est très simple :

Pour les hommes, il suffit d'additionner les deux derniers chiffres de son année de naissance.
Si le nombre obtenu est composé de deux chiffres, additionnez-les de nouveau. Puis déduisez le résultat du nombre 10.
Exemple : vous êtes né en 1974
7+4=11
1+1=2
10-2=8
Votre trigramme personnel est 8.

Pour les femmes, il suffit d'additionner les deux chiffres de votre année de naissance. Si le nombre obtenu est composé de deux chiffres, additionnez-les de nouveau. Puis additionnez le résultat au nombre 5.
Exemple : vous êtes née en 1974
7+4=11
1+1=2
5+2=7
Votre trigramme personnel est 7.

Le trigramme personnel 5 n'est pas utilisé. Les hommes le remplaceront par le trigramme personnel 2 et les femmes par le trigramme personnel 8.

Pour les enfants qui naissent à partir de l'année 2000, les garçons remplaceront le 10 par le 9 et les filles le 5 par le 6. Si vous êtes né en janvier ou en février, regardez page 141 si votre naissance était avant le nouvel an chinois - auquel cas, vous calculerez votre trigramme personnel sur l'année précédente - ou après.

Si votre trigramme personnel est le **1, 3, 4,** ou **9,** vous appartenez aux **maisons de l'est**.

Si votre trigramme personnel est le **2, 6, 7** ou **8,** vous appartenez aux **maisons de l'ouest.**

Trigramme personnel 1. Il représente le nord. Son élément est l'eau. Sa saison est l'hiver. Ses couleurs, le bleu et le noir. Sa forme est ondulée. C'est une énergie qui descend. Il symbolise la carrière.
Directions favorables par ordre décroissant : sud-est, est, sud, nord
Directions défavorables par ordre croissant : ouest, nord-est, nord-ouest, sud-ouest.

Trigramme personnel 3. Sa direction est l'est. Son élément est le bois (les arbres). Sa saison est le printemps. Sa couleur, le vert foncé et sa forme, le rectangle. C'est une énergie qui monte. Il symbolise la famille et les ancêtres.
Directions favorables par ordre décroissant : sud, nord, sud-est, est.
Directions défavorables par ordre croissant : sud-ouest, nord-ouest, nord-est, ouest.

Trigramme personnel 4. Sa direction est le sud-est. Son élément, le bois (les plantes). Sa saison, le printemps. Sa couleur, le vert clair et sa forme, le rectangle. C'est une énergie qui monte. Il symbolise les richesses et la prospérité.
Directions favorables par ordre décroissant : nord, sud, est, sud-est.
Directions défavorables par ordre croissant : nord-ouest, sud-ouest, ouest, nord-est.

Trigramme personnel 9. Sa direction est le sud. Son élément, le feu. Sa saison, l'été. Sa couleur, le rouge et sa forme, le triangle. C'est une énergie qui monte. Il symbolise la réputation et la célébrité.
Directions favorables par ordre décroissant : est, sud-est, nord, sud.
Directions défavorables par ordre croissant : nord-est, ouest, sud-ouest, nord-ouest.

Trigramme personnel 2. Sa direction est le sud-ouest. Son élément, la terre. Sa saison, la fin de l'été. Sa couleur, l'ocre et le jaune et sa forme, le carré. C'est une énergie qui se déplace horizontalement. il symbolise l'entente du couple.
Directions favorables par ordre décroissant : nord-est, ouest, nord-ouest, sud-ouest.
Directions défavorables par ordre croissant : est, sud-est, sud, nord.

Trigramme personnel 6. Sa direction est le nord-ouest. Son élément, le métal. Sa saison, l'automne. Ses couleurs, les teintes métalliques et par défaut, le blanc. Sa forme, la sphère. C'est une énergie qui descend. Il symbolise les gens qui aident, les guides.
Directions favorables par ordre décroissant : ouest, nord-est, sud-ouest, nord-ouest.
Directions défavorables par ordre croissant : sud-est, est, nord, sud.

Trigramme personnel 7. Sa direction est l'ouest. Son élément, le métal. Sa saison, l'automne. Ses couleurs, les teintes métalliques et par défaut le blanc. Sa forme, la sphère. C'est une énergie qui descend. Il symbolise les enfants.
Directions favorables par ordre décroissant : nord-ouest, sud-ouest, nord-est, ouest.
Directions défavorables par ordre croissant : nord, sud, sud-est, est.

Trigramme personnel 8. Il représente le nord-est. Son élément est la terre. Sa saison, la fin de l'hiver. Ses couleurs, le jaune et l'ocre. Sa forme, le carré. C'est une énergie qui se déplace horizontalement. Il symbolise l'éducation, la connaissance de soi.
Directions favorables par ordre décroissant : sud-ouest, nord-ouest, ouest, nord-est.
Directions défavorables par ordre croissant : sud, nord, est, sud-est.

Le centre est représenté par le chiffre 5.

Quoi de mieux que *des poissons dans un lagon pour représenter l'eau. Bien placé, cet élément apporte chance et prospérité.*

LES FORMES RÉGULIÈRES ET IRRÉGULIÈRES

Chacune des huit directions de la rose des vents correspond à une des huit aspirations de l'homme. Il est donc très important qu'aucune de ces directions ne vienne à manquer dans le plan de l'habitation. Si le plan est régulier, c'est-à-dire carré ou rectangulaire, aucune des directions ne manquera. Si le plan est en L ou en U, des zones feront défaut, qui correspondront à des manques dans les aspirations. C'est pourquoi, il est si important d'avoir une maison ou un appartement qui puisse s'inscrire dans un plan régulier. Si vous avez un secteur manquant sur votre plan, vous pouvez quand même activer celui-ci : recherchez dans votre séjour la partie qui lui correspond afin d'y apporter des éléments qui rehausseront ses énergies. Par exemple, si le sud manque dans le plan de votre appartement, vous pouvez activer le sud de votre séjour. Mais une chambre à coucher ne doit pas être activée.

Les Chinois utilisent un octogone appelé *ba gua* dont les huit côtés correspondent aux différentes aspirations de la vie. Il suffit pour les activer, de chercher la direction concernée à l'aide d'une boussole et d'y placer certains objets. On peut agir en fonction du plan du commerce ou de l'appartement ou tout simplement à l'intérieur de chaque pièce. Mais on ne met rien dans les chambres.

Couple et bonheur conjugal

Le sud ouest. Pour rencontrer l'âme sœur, on placera dans cette direction, des pivoines, vraies ou fausses. Cela importe peu. Pour l'harmonie du mariage, on rangera soigneusement toute représentation de pivoine jusqu'à ce que les enfants soient en âge de se marier pour les ressortir à ce moment-là, car les pivoines signifient "nouvel amour".

Célébrité et gloire ou plus simplement bonne réputation

Le sud. On y placera une lampe qui éclaire bien, une bougie, des fleurs rouges, un tableau représentant des chevaux.

Richesse et prospérité :

Le sud-est. Pour optimiser votre situation financière, vous pouvez disposer dans la partie sud-est de votre local ou du salon, une belle plante ou un aquarium avec des poissons toujours en nombre impair. Un bon équilibre consiste à en prendre huit rouges et un noir.Vous pouvez également utiliser un tableau ou choisir un plateau avec un motif de poissons.

4	9	2
3	5	7
8	1	6

Le luo shu
ou carré magique. Ses nombres additionnés font toujours 15.

Relations familiales et grands-parents :
L'est. Installez dans ce secteur une plante ou un beau paysage pour la santé de vos parents âgés.

Carrière
Le nord. Vous l'activerez avec un aquarium, un ordinateur ou tout objet métallique.

Aide, mentors
Le nord-ouest. Pour se faire aider ou trouver un guide, vous pouvez placer là un carillon éolien en cuivre à six branches, un cristal de roche.

Education et connaissance
Le nord-est. A activer avec un bon éclairage, un cristal de roche ou toute autre pierre.

Enfants
L'ouest. Vous pouvez aider votre enfant en plaçant un cristal de roche sur son bureau. Si vous souhaitez qu'il réussisse un examen, activez l'ouest et le nord-est de votre demeure avec les objets en question. Et avec l'accord de l'enfant, placez dans sa chambre, un cristal de roche au nord-est.

Le luo shu, carré magique
Le carré *luo shu*, c'est la transformation du *ba gua* en un carré divisé en neuf parties égales : le centre et les huit directions de la rose des vents.

On se sert du *luo shu* pour le superposer au plan d'une maison selon les directions relevées sur la boussole. On l'étire jusqu'à ce que tout le plan de la maison soit entièrement contenu dedans. Le carré devient par exemple un rectangle avec neuf petits rectangles égaux. On procédera de la même manière à chaque étage.

La manière dont les chiffres qui sont disposés sur le carré *luo shu* donne toujours 15 quelle que soit la façon dont on le calcule. La raison de cette disposition est perdue, mais il semblerait que cela corresponde à la façon dont se déplacent les énergies telluriques.

En se tenant sur le pas de la porte et en regardant à l'extérieur, cherchez quelle est la direction de la boussole. Inscrivez dans le carré *luo shu* les nombres qui correspondent à chaque direction jusqu'à ce que vous ayez rempli toute la grille. Si le plan est irrégulier, vous serez confronté à des trous correspondant à des secteurs manquants.

Vous verrez alors quelles sont les aspirations qui vous feront défaut dans cette maison. En fonction des bonnes directions de chacun, vous pourrez également voir quelles sont les zones particulièrement favorables à chaque membre de la famille.

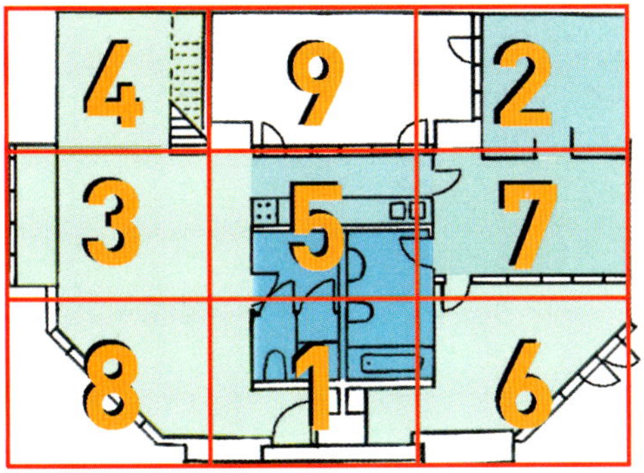

Le luo shu
superposé à un plan d'appartement : le sud est en haut et le nord en bas.

L'énergie trop forte ou trop faible

Les énergies pénètrent dans un lieu par la porte, circulent de pièces en pièces, ressortant par les fenêtres et par la porte du fond. Nous sommes baignés par ces flux qui nous entourent. Chaque fois que ces flux bienfaisants se déplacent en décrivant des courbes et des volutes, l'air est plus léger et nous ressentons une impression de bien-être. En revanche, des énergies qui stagnent et s'alourdissent, nous transmettent une sensation de fatigue perpétuelle. Difficile de croire à l'existence de ces flux énergétiques, puisque nous ne les voyons pas. Mais nous ne voyons pas davantage les ondes de nos téléphones portables qui existent bel et bien. Nous sommes les récepteurs de ces énergies. Pour cette raison, il est essentiel qu'elles restent bénéfiques et équilibrées.

Il est très important de veiller à ce que les énergies ne circulent ni trop vite, ni trop lentement. Elles doivent évoluer en empruntant des courbes et des méandres, afin d'avoir le temps de baigner l'atmosphère de leur influx bénéfiques. On les dénomme alors *sheng qi*. En revanche, lorsqu'elles circulent en ligne droite ou qu'elles stagnent, elles sont néfastes et on les désigne sous le nom de *sha qi*.

On peut se représenter ces énergies bénéfiques comme la Seine lorsqu'elle traverse Paris. Elle s'allonge dans son lit, se coule en méandres et la ville profite de ses bienfaits. Un torrent ne permet pas à l'eau qu'il déverse de déposer ses bons influx et un lac dont l'eau est croupie, dégage des énergies négatives.

Quand on demanda à Francis Bouygues pourquoi il avait choisi le terrain de Boulogne-Billancourt le long des quais pour y installer TF1, il répondit : "Parce que je voulais que TF1 soit à côté du plus beau monument de Paris : la Seine". En Feng Shui, l'eau symbolise la communication. Canal + et France Télévision se sont également installés le long du fleuve.

On ne voit dans la nature que très peu de lignes droites, tout est en courbes et le corps de l'homme est symétrique. En Feng Shui, la préférence va aux habitations qui ont des plans carrés ou rectangulaires, dont les côtés sont symétriques. Et on évitera toujours tout ce qui est pointu ou rectiligne pour rechercher les courbes et les volutes.

Le grand architecte américain Frank Lloyd Wright disait :
"L'architecte doit refuser tout ce qui est en désaccord avec la nature et le caractère de l'homme".

Le questionnaire qui suit démontre que la démarche du Feng Shui est exactement la même.

LE QUESTIONNAIRE DES **HABITATIONS**

Ce bilan est conçu en trois parties :

1. Les questions

2. Les explications cas par cas

3. Les solutions apportées aux éventuels problèmes

Apprenez à harmoniser les énergies et à faire la différence entre ce qui est important et ce qui l'est moins. Certains effets peuvent se contrebalancer, voire même s'annuler. Attention, commencez par changer une chose à la fois pour savoir si le changement que vous avez fait est heureux.

Si nos placards sont bourrés, si le dessous de nos lits est encombré, n'est-ce pas parce que nous ne savons pas abandonner notre passé, en donnant, en jetant, en faisant le ménage dans notre vie. Lorsqu'on quitte un grand appartement pour un plus petit, on répugne souvent à se débarrasser des anciens livres et cahiers de nos enfants et des meubles qui ont appartenu à notre famille. Et pourtant il faut que l'énergie circule entre chaque meuble et sous chaque meuble pour qu'elle nous stimule. Si l'énergie est bloquée, nos vies s'en ressentent et nous ne progressons plus.

Idéalement situé *à mi-hauteur d'une colline, le village d'Avène dans l'Hérault est protégé par une belle tortue noire.*

"Vous ne devriez rien avoir dans votre maison qui ne vous soit utile ou que vous ne considériez comme beau". (William Morris, peintre et écrivain d'art anglais qui vécut au XIXème siècle).

L'environnement de la maison

Le terme maison s'applique ici à la fois à la maison et à l'appartement dans un immeuble. Quand il y aura une différence, elle sera mentionnée.
Une maison, un appartement n'est pas un tout en soi. L'influence du milieu extérieur est primordiale que vous viviez à la campagne ou en milieu urbain. Car le Feng Shui est par essence l'art de capter l'influence favorable du sol pour vivre en harmonie avec les énergies naturelles qu'il libère.
Un très bon environnement, une très belle vue atténueront beaucoup les défauts qui peuvent exister à l'intérieur de la maison, alors que le contraire jouera beaucoup moins.

LA FORME DU TERRAIN

Le terrain est-il de forme irrégulière ?

✳ Il est préférable d'avoir un terrain régulier. Un terrain incomplet, à qui il manque un morceau pour former un rectangle ou un carré, se privera de la chance apportée par cette zone manquante. Par exemple, s'il vous manque le secteur sud-est, c'est la prospérité qui sera atteinte.

Vous allez chercher en plantant des arbres, des haies ou des bosquets de bambous à régulariser votre terrain, à tendre vers le carré. Dans le cas d'un terrain en L, vous pouvez le partager en deux jardins, deux rectangles, dont l'un pourrait être la pelouse, l'autre le verger ou le potager. Vous pouvez également utiliser la partie inégale comme parking, y construire un garage ou une cabane à outils.

■ *Paul et Marie ont un terrain presque rectangulaire. Un des petits côtés s'allonge vers la route qui longe leur propriété. Ils ont retracé un beau rectangle et transformé la petite partie en parking. Leur terrain est devenu régulier et les amis sont ravis de trouver de la place pour garer leurs voitures.*

Le terrain est-il de forme triangulaire ?

✳ Un terrain en forme de triangle représente le feu. Il est souvent source de conflits entre les personnes qui y vivent. Elles se sentiront stressées et auront du mal à trouver le repos.

Ils ont retracé un *rectangle et transformé la petite partie en parking. Leur terrain est harmonieux.*

Dans la mesure du possible, séparez la partie la plus aiguë du triangle par une barrière. La petite partie ainsi délimitée pourra servir de réserve à compost, vous y installerez une cabane à outils, y planterez une bambouseraie ou encore des arbustes très serrés. Sur le terrain le plus grand, éclairez la partie manquante afin de lui apporter la force qui lui fait défaut. Il est bon également sur ce type de terrain triangulaire de mettre en valeur l'élément terre avec par exemple un sol de dalles de pierre ou de carreaux de céramique, de grands pots de terre cuite et des fleurs de couleur jaune. (Dans le cycle des énergies, le feu nourrit la terre et ainsi s'affaiblit).

Le terrain a-t-il la forme d'un rectangle ou

d'un carré ? A-t-il une forme régulière ?

✳ Les meilleures formes pour un terrain sont le carré et le rectangle.
Chaque partie du terrain représente une des huit directions de la rose des vents qui à leur tour représentent une des huit aspirations de l'homme. Si le terrain est régulier, vous les possédez toutes de façon harmonieuse

Veillez à garder précieusement cette forme de terrain lorsque vous effectuerez vos plantations ou aménagerez vos constructions. Il arrive que des arbres ou des arbustes prennent de plus en plus de place sur un terrain qui perd ainsi sa forme bien régulière. Si vous en avez la possibilité, construisez votre maison au centre du terrain pour lui conserver son équilibre.

LE RELIEF

Le terrain est-il situé dans une plaine sans relief ?

✳ Un terrain sans dénivellement n'offrira pas de protection à la maison qu'on bâtira dessus. Celle-ci a toujours besoin d'être protégée à l'arrière par une colline. C'est ce que l'on appelle la protection de la tortue.

Plantez de grands arbres sur le terrain à l'arrière de la maison. Mélangez des arbres à feuilles caduques et des arbres à feuilles persistantes, pour ne pas interrompre la protection six mois par an quand vos arbres perdront leurs feuilles. Cette solution, simple à mettre en œuvre, vous apportera de très grands bienfaits. Elle permettra aux énergies bénéfiques du qi d'investir votre terrain, et d'être retenues par ces hautes plantations. Un immeuble ou un grand mur peut faire également office de protection.

■ Certains monastères sont construits à flanc de montagnes abruptes, dans des lieux hostiles dominant des précipices. Les religieux qui y vivent, mènent une existence rude, très éloignée de l'aspiration du commun des mortels.

Ce terrain est-il situé tout en haut d'une colline ?

✳ Votre espace sera battu par les vents. Les énergies du *qi* reparti-ront aussi vite qu'elles sont arrivées et vous ne bénéficierez d'aucun bienfait.

Ces lieux qui *élèvent les âmes restent peu confortables pour la plupart des gens*

Plantez de grands arbres de toutes parts, sauf devant la maison que vous devez laisser dégagée. Entourez-vous de grandes haies qui vous feront un jardin clos, à l'abri des vents.

Votre terrain est-il situé au fond d'une vallée ou au pied d'une falaise ou d'un bloc de roches ?

✳ Il faut éviter de s'installer au pied d'un bloc rocheux ou à l'ombre d'une falaise. La montagne est très forte et sa présence risque d'être pesante. Le soleil aura du mal à arriver jusqu'à vous et, si vous êtes près d'une rivière, celle-ci peut déborder dans votre jardin.

Si votre terrain est souvent dans l'ombre, il vous faudra de la lumière, encore de la lumière. Soignez donc l'éclairage. Evitez les arbres trop hauts, ou faites-les élaguer et plantez des fleurs de couleurs éclatantes.

Votre terrain est-il situé sur une colline douce à mi-pente ?

✳ C'est la situation Feng Shui idéale. Le vent violent du sommet vous parviendra sous la forme d'une brise et l'eau de la rivière vous apportera ses bienfaits sans inonder votre terrain.

Il n'y a aucun problème.

Le terrain remonte-t-il devant la maison et descend-il derrière ?

✳ Les habitants des maisons situées sur ce type de terrain, verront leurs projets contrariés ou ralentis. Ils auront des difficultés pour réaliser leurs aspirations et même faire venir leurs amis chez eux.

Essayez de changer la porte d'entrée, afin qu'elle coïncide avec le terrain qui descend, sinon faites creuser la pente sur quelques dizaines de mètres, afin de recréer un *ming tang* devant la porte. Vous pouvez soutenir le terrain ainsi creusé par un mur en hémicycle, un peu comme un fer à cheval. Cette placette permettra aux énergies bénéfiques de se déployer avant de pénétrer chez vous.

Avez-vous un "à pic" juste derrière votre maison ?

✳ Les maisons qui sont construites au bord d'un surplomb n'offrent pas de protection à leur occupants. Ceux-ci ne pourront compter que sur eux .

Evitez ce type de maison qui ne vous protégera pas en cas de problèmes. Si vous devez y vivre, rehaussez les parties nord-ouest de votre salon et de votre salle à manger, là se trouvent les énergies des personnes qui aident. Posez des corniches dans toutes vos pièces, en choisissant celles qui dessinent trois lignes continues. Ces trois lignes représentent le trigramme *qian* qui symbolise les mentors.

L'EAU

Cette piscine *éloignée de la maison est idéalement placée.*

Avez-vous un étang, une mare, un bassin sur votre terrain ?

✳ L'eau est d'une importance extrême et peut être tantôt bénéfique, tantôt destructrice. En général, on peut dire que l'eau est bien placée quand elle se trouve dans l'est, le sud-est et le nord de votre terrain. On ne doit pas non plus rencontrer de l'eau à droite de la porte d'entrée en sortant. On dit que cela incite l'homme de la maison à regarder d'autres femmes que la sienne. Il ne doit pas non plus y avoir de l'eau à l'arrière, cela créerait un manque de soutien, une vulnérabilité certaine pour les occupants. L'eau est bénéfique sur le devant et les côtés de votre habitation. Mais à éviter dans le sud, représenté par l'élément feu, car ces deux éléments luttent entre eux.

Si vous voulez aménager un plan d'eau dans votre jardin, choisissez, si vous le pouvez, le sud-est dont l'élément bois est particulièrement accordé à l'eau. Le sud-est représente la richesse et l'eau la fera prospérer. Si vous voulez installer un bassin dans votre jardin et que les seuls endroits possibles soient à l'arrière de votre maison, ou au sud, oubliez tout simplement votre projet. Une petite fontaine, un abreuvoir pour les oiseaux ne sont pas des points d'eau assez puissants pour être pris en compte.

Avez-vous une piscine sur votre terrain ?

✳ Les maîtres chinois de Feng Shui sont plutôt hostiles à la construction d'une piscine près de la maison. Si vous voulez absolument en avoir une, il est conseillé de l'aménager à l'écart, un peu cachée par une haie ou un muret. Elle ne doit jamais se trouver trop près de la maison, surtout si elle grande. Choisissez-la en forme de haricot, un peu comme si elle entourait la maison de ses bras protecteurs. Ne la placez pas à l'arrière de la maison car les occupants manqueraient terriblement de protection. Ne l'installez pas non plus dans la zone sud du terrain qui correspond à l'élément feu et qui se trouve en désaccord avec l'élément eau. Le sud-est, l'est et le nord sont des endroits propices pour y installer une étendue d'eau à condition qu'il ne s'agisse pas de l'arrière de la maison. Pas d'eau donc derrière une maison, ni à droite de la porte d'entrée, comme déjà mentionné dans la question précédente.

Vous avez déjà une piscine et elle se trouve près de la maison ? Vous pouvez peut-être la dissimuler en partie en construisant un muret, ou en plantant une haie. Une pergola fleurie entre la maison et la piscine vous protégera également. Installez une couverture de protection nocturne pour la piscine. C'est un peu comme si l'eau recouverte n'existait plus la nuit. Si la piscine est rectangulaire et qu'un des angles est dirigé vers la maison, plantez un bosquet entre la maison et l'angle. Vous pouvez aussi mettre un grand pot de terre fleuri devant cet angle.

Avez-vous une rivière qui passe devant la maison ?

✳ Une rivière qui passe devant une maison est un signe de prospérité. La chance se présente à ses habitants sous forme d'opportunités.

Veillez à garder la vue sur la rivière dégagée. Ne laissez pas la végétation vous empêcher de profiter de ce cadeau du ciel.

Si elle passe derrière la maison ?

✳ La chance sera toujours la même, mais les habitants ne pourront la saisir. Les opportunités leur passeront sous le nez.

Essayez de changer votre porte d'entrée, afin que celle-ci soit devant la rivière. Ou bien installez une autre porte sur la partie qui fait face à la rivière que vous utiliserez la plupart du temps. La chance de l'eau est bien réelle, elle vaut ce changement.

TROUVER LA FAÇADE PRINCIPALE D'UNE MAISON N'EST PAS TOUJOURS CHOSE ÉVIDENTE

Même le maître de Feng Shui appelé en consultation peut avoir des hésitations. En principe, la façade de la maison est la partie la plus large, là où se trouvent les pièces principales (salon, séjour), avec la porte d'entrée et le côté rue. Mais parfois le côté où se trouvent les portes-fenêtres donnant sur le grand jardin en pente douce représente cette façade principale.

Les boucles de la *rivière offrent une énergie très bénéfique aux habitants des rives.*

Clara a fait construire une maison. La porte d'entrée est située au nord, coincée entre le garage et la buanderie. La façade sud est très dégagée et donne sur le jardin par les grandes portes fenêtres du salon. Visiblement, la façade principale est au sud.

Et si votre terrain donnait sur la mer ?

✳ Si vous vous trouvez à une distance raisonnable de la mer, vous êtes comblé. La vue sur la mer est une bénédiction à condition toutefois que la façade de la maison soit orientée vers celle-ci. Attention aux maisons dont l'arrière est orienté vers la mer : dans ce cas, vous ne pouvez compter que sur vous-même. Il vous sera plus difficile de trouver des personnes pour vous aider.

Il faut que votre façade principale soit face à la mer. Au besoin changez la disposition des pièces, salon, salle à manger pour qu'elles soient face à l'eau. C'est une position très bénéfique, qui vous apportera beaucoup de chance. Si votre terrain est situé sur une colline, protégée des vents par de beaux arbres, avec vue sur la mer, les énergies du *qi* seront si bonnes, que de vous-même, vous en ressentirez les bienfaits. Il s'agit là de lieux privilégiés.

Votre terrain a-t-il les pieds dans l'eau?

✳ La position d'un terrain les pieds dans l'eau n'est pas particulièrement favorable. Une trop grande étendue d'eau si proche représente un déséquilibre, et les gens qui habitent dans ces maisons se plaignent souvent de nervosité.

il est recommandé de planter beaucoup de végétation comme des haies entre la maison et l'eau. L'élément bois qui est représenté par la végétation fatiguera et donc adoucira la force de l'élément eau.

■ *Jean habite un petit immeuble dans le Val de Marne qui a été bâti sur l'ancien lit d'une rivière voisine. Il y a eu des glissements de terrain et des inondations. Les planchers du petit immeuble sont maintenant en pente. Jean n'est pas content de son travail. Il a été obligé de changer trois fois de société pour des raisons toujours indépendantes de sa volonté.*

LES RUES ET VOIES D'ACCÈS

Des voies à grande vitesse, des autoroutes se trouvent-elles dans le voisinage?

✳ Les voies rapides sont comme les torrents. La circulation est trop rapide. Les énergies du *qi* sont trop fortes et apportent de très grandes nuisances.

Le rideau d'arbres est la solution. Il cachera la voie et servira également de tampon acoustique. Mais il faut éviter à tout prix de tels endroits, les énergies difficiles du *sha qi* sont blessantes pour nos organismes.

Y-a-t-il un toboggan sur la voie qui passe devant chez vous ?

✳ Ce sont des voies qui transportent énormément de *sha qi*. Le pire étant quand l'arrondi le plus grand de la courbe est dirigé vers votre maison.

Difficile de contrer de telles calamités, car ces toboggans sont construits en hauteur. Le mieux est de ne pas habiter dans ces lieux. Si on construit un toboggan près de chez vous, plantez des peupliers en rang serré sur votre terrain ou même des pins si vous le pouvez, car ils restent verts même en hiver.

■ *A Nanterre, dans la région parisienne, il y a un toboggan qui traverse la place de la Boule, de part en part. Tout autour, on ne voit que commerces fermés et bureaux à louer. La municipalité a décidé de créer un terre-plein central arboré. Revenez dans quelque temps, les commerces seront florissants et les immeubles, rénovés.*

Une voie de chemin de fer passe-t-elle devant votre maison ?

✳ Parce qu'elles sont par définition des voies rectilignes, les voies ferrées charrient beaucoup d'énergies agressives, accentuées quand passent les trains. Au siècle dernier, les Européens qui installaient les voies de chemin de fer en Chine ont dû lutter contre des

populations très en colère qui démolissaient les voies ferrées au fur et à mesure qu'elles étaient construites. Elles craignaient les effets néfastes du *sha qi* pour leurs villages.

Protégez-vous de la voie ferrée par une haie très touffue ou des arbres à feuilles persistantes. Sinon, mettez des rideaux vraiment épais ou des stores aux fenêtres.

LA VUE QUE L'ON APERÇOIT DE SES FENÊTRES

la Tour Eiffel a des *énergies positives à condition de ne pas être directement située en face de votre fenêtre mais à votre droite.*

Voyez-vous de grands arbres comme des peupliers, des pics de montagne, ou un clocher d'église ? Etes-vous entouré de maisons aux toits pointus ? Si vous habitez Paris, avez-vous la Tour Eiffel en face de vous ?

✳ Ces paysages correspondent à l'élément feu. Et symbolisent le désir de réussir, d'être connu. Mais attention de ne pas vous laisser consumer par le stress si vous avez trop d'élément feu dans votre environnement.

Pour vous protéger d'un excès de feu, misez sur l'élément terre. Concrètement, si vous habitez dans un appartement, vous pouvez mettre devant votre fenêtre, accrochés à votre balcon des pots en terre cuite ou en ciment (élément terre). Si votre maison a un jardin, vous pouvez vous entourer de plantes et de fleurs que vous prendrez jaunes et orange. Si vous faites faire des stores ou des rideaux pour vos fenêtres, choisissez les jaunes ou ocre. Utilisez des éléments carrés qui symbolisent la terre, pots ou carrelage. L'élément terre est fabriqué par l'élément feu et celui-ci s'épuise dans cette production et perd ainsi de son agressivité.

■ *Ariane habite en face d'une maison dont chacune des fenêtres possède un immense store rouge très agressif. Elle a garni ses fenêtres de rideaux ocre et la vision des grands stores ne la gêne plus du tout. Ces feux ont été affaiblis par la couleur terre de ses rideaux. Effet magique garanti.*

De votre fenêtre, que découvrez-vous ? Un grand espace, une plaine, ou bien faites-vous face à des toits d'immeubles plats comme ceux des immeubles modernes ?

✳ Vous êtes en train de regarder un paysage correspondant à l'élément terre. La terre représente la fidélité, la force de travail et l'endurance. En revanche, prenez garde de ne pas tomber dans le train-train et la routine si le paysage vu de votre fenêtre comporte trop d'élément terre.

Si vous avez trop d'élément terre, entourez-vous davantage de métal en choisissant des fleurs blanches dans le jardin ou sur le balcon. Vous pouvez choisir des stores ou des rideaux de couleur blanche. Vous pouvez installer une tonnelle ainsi que du mobilier de jardin en fer forgé. La forme symbolique du métal étant l'arrondi, la sphère, vous pouvez installer des arches dans votre jardin ou sur votre terrasse. Le métal corrige l'excès de terre, car la terre s'épuise à produire le métal.

Que voyez-vous depuis vos fenêtres ? Des collines rondes ? Le dôme d'une église ou d'un bel immeuble haussmanien ?

✳ Vous êtes devant un paysage correspondant à l'élément métal. Le métal se transforme en eau, (il se liquéfie) et l'eau représentant l'argent, les paysages de dômes et d'arrondis devraient vous apporter la prospérité.

Si l'élément métal est en excès dans votre environnement, vous pouvez le neutraliser en vous entourant de l'élément eau. Sous la forme d'un store ou de rideaux bleus aux fenêtres, d'une fontaine dans la pièce ou dans le jardin. Les formes qui ondulent représentent également l'élément eau. Misez sur des bosquets serpentant harmonieusement.

Habitez-vous près de la mer ou d'une rivière qui charrie beaucoup d'eau ?

✳ L'eau facilite la communication, elle est donc très bénéfique pour ceux qui travaillent dans la communiction, à la télévision, dans la publicité ou le cinéma. Mais elle peut être envahissante et disproportionnée, par exemple si vous êtes entouré d'eau parce que vous habitez une péniche.

Plantez des arbres, des arbustes, des plantes, tout ce qui représente l'élément bois. Mettez à vos fenêtres des rideaux à fleurs, des stores fleuris ou à lamelles de bois. En se nourrissant de l'eau qu'il fatigue, le bois tempère l'eau. Les habitants des péniches privilègieront l'élément bois dans leur décoration et éviteront le métal qui produira encore plus d'eau.

Habitant la campagne avez vous vue sur des bois ou une forêt ? Habitant en ville, apercevez-vous de hautes tours, des ouvrages imposants de ponts ou de viaducs ?

✳ Votre paysage relève de l'élément bois. Idéal pour les artistes, c'est un élément qui apporte beaucoup d'énergie et de créativité. Mais il ne doit pas envahir tout le paysage au risque d'être pesant.

Si tel est le cas, plantez des fleurs rouges dans votre jardin. Suspendez des stores et des rideaux rouges ou pourpre. Vous pouvez également faire bâtir une maison au toit pointu (attention à ne pas agresser les voisins) et même construire un barbecue en briques rouges qui réintroduira l'élément feu. Le feu tempère le bois qui s'épuise à le produire.

La vue sur *un bassin ou un étang est toujours bénéfique, surtout avec de la végétation.*

L'ASPECT EXTÉRIEUR DE LA MAISON

Regardez votre maison de l'extérieur. Couleur et forme des murs, plantes qui y grimpent, tous ces éléments ont de l'influence sur votre bien-être et doivent être examinés.

La façade

De quelle couleur est-elle ? Les murs sont-ils peints de couleur vive ? Ou construits en pierre de taille, en béton gris ?

✳ Une maison en briques rouges est sous l'influence du feu, un immeuble dont la façade est noire, sous l'effet de l'eau. Quant à la couleur ocre, elle signifie que c'est l'élément terre qui prédomine.

Vérifiez si l'élément qui correspond à la couleur des murs de votre maison est bien en accord avec votre trigramme personnel (vous trouverez tout pour calculer votre trigramme personnel page 21). Vous trouverez également page 16 les correspondances des éléments entre eux, ainsi que l'élément modérateur qui peut servir de tampon entre ceux qui se détruisent. La couleur de cet élément tampon sera utilisée pour la peinture des volets, pour les stores ou les rideaux et même pour les fleurs des balcons.

Le lierre qui *entoure cette jolie porte est régulièrement taillé pour ne pas l'envahir.*

■ *Marie n'était pas en accord avec la couleur noire (élément Eau) de la façade de son immeuble. Son trigramme personnel, le 9, (élément feu) était éteint par l'élément eau de la façade. Elle se sentait sans énergie dès le matin. Elle a installé des plantes partout sur son balcon et son bout de terrasse a débordé de la rambarde, entraînant Marie dans le cycle de construction : l'eau nourrit le bois qui nourrit le feu.*

La façade est-elle revêtue de plantes grimpantes ?

✳ Ne vous laissez pas envahir par les plantes grimpantes qui peuvent donner l'impression d'asphyxier littéralement les murs de votre maison. Un peu de verdure oui, une maison étouffée non. Une vigne vierge, un lierre peuvent cacher une vilaine façade, et un rosier grimpant ou une glycine apporter le meilleur souffle de l'élément bois. Mais attention aux plantes grimpantes qui perdent leurs feuilles en hiver et ne laissent qu'un inesthétique fouillis de branches mortes.

Veillez à bien tailler les plantes

qui grimpent sur vos murs et à mélanger les espèces à feuilles caduques aux espèces qui restent vertes pour ne pas vous retrouver avec une façade dépouillée l'hiver.

Avez-vous dans votre jardin ou votre cour, un grand arbre qui pousse trop près de vos fenêtres et qui plonge votre salon ou votre chambre dans une semi-obscurité six mois par an ?

✳ C'est toujours un grand sujet d'étonnement que la capacité d'adaptation des êtres humains. Ils acceptent de se laisser envahir par la végétation d'un grand arbre qui transforme leur séjour en vivarium à crocodiles. La lumière ne passe plus et les énergies yang restent à l'extérieur.

Il ne faut pas hésiter : entre l'arbre et vous, il faut toujours choisir votre bien-être et celui des personnes qui partagent votre vie. Elaguez cet arbre, ou bien coupez-le. Vous lui demanderez des excuses et vous en planterez un ou deux autres dans un coin plus approprié de votre jardin.

Elise est très triste. Ses amies ne viennent pas la voir. Elle reste toute seule dans sa grande maison avec ses enfants. Devant la porte d'entrée se trouvent deux vénérables tilleuls. Leurs branches ont complètement envahi la façade de la maison et certaines pièces sont plongées dans la pénombre. Il faudrait couper les tilleuls et Elise ne s'y résout pas. Heureusement, une autre solution est trouvée. On élaguera seulement les arbres. L'entrée se fera par le salon, véritable pièce à vivre où désormais on déjeunera évitant la cuisine toujours trop sombre. Les amis ont retrouvé le chemin de la maison d'Elise et ses enfants font de nombreux goûters. Mais elle devra penser à faire retailler ses arbres tous les ans.

La maison est-elle construite sur pilotis ?

✳ Une maison sur pilotis n'a pas de stabilité. Elle est très vulnérable. Les énergies s'engouffrent dans le vide créé et ne parviennent pas aux étages supérieurs.

Il est nécessaire de construire des cloisons entre les pilotis qui protègent la demeure et ne laissent pas apparaître ses fondations. Une haie, des plantes auront le même effet bénéfique et cacheront par une frondaison les dessous de la maison.

La partie supérieure de votre maison est-elle plus importante que la partie inférieure ?

✳ Quelques maisons et immeubles modernes sont construits sur le modèle de la pyramide inversée, provoquant un sentiment d'instabilité chez ceux qui y habitent ou y travaillent. Ceux qui vivent aux alentours subissent également les influences néfastes de ces formes contre nature.

On peut planter des arbres touffus autour du bâtiment, qui cacheront un peu sa forme étriquée à la base.

Habitez-vous une tour ronde ?

✳ Les intérieurs d'une tour ronde moderne sont faits, en réalité, de courbes et de méandres. Ce sont des formes de l'élément eau. On ne peut pas mettre de

Si vous voyez *une tour ronde de vos fenêtres, vous regardez l'élément métal .*

mobilier le long des murs puisque ceux-ci ne sont pas droits.

Vous avez trop d'élément eau. Evitez le bleu sur les murs et mettez le plus possible d'éléments en bois puisque l'eau nourrit le bois et s'affaiblit ainsi.

■ *Myriam habite une immense tour ronde peinte en bleu. L'intérieur du petit appartement ondule. Aucun mur n'est droit et l'endroit donne le tournis. Il y a du bleu partout et derrière la tête de lit, se trouve un grand poster du film "Le Grand Bleu". Myriam voudrait bien améliorer sa vie qui stagne, probablement noyée par tant d'élément eau. Mais son vœu le plus cher, elle qui n'est pourtant pas bretonne, est d'habiter un phare au bord de la mer. La solution la plus sage est de laisser Myriam vivre son amour immodéré de l'eau.*

La maison est-elle plus petite que les maisons du voisinage ?

✳ Une petite maison coincée entre deux maisons beaucoup plus volumineuses ne donnera pas beaucoup de chances de réussite à ses habitants. Elle sera étouffée par ses grandes voisines. Un petit immeuble entre deux grands offrira le même sort à ses occupants. Ils resteront dans l'ombre et leurs possibilités de promotion risquent de passer au-dessus d'eux.

Eclairez beaucoup la façade et le jardin. Un spot sera dirigé vers le haut de la maison pour lui donner de l'importance.

Le portail et la clôture

Votre portail a-t-il été construit juste en face de votre porte d'entrée ?

✳ Cette façon de faire, bien que très pratique permet aux énergies difficiles du *sha qi* de pénétrer en trombe dans votre maison. Il est préférable que les deux entrées ne soient pas face à face.

Essayez de changer votre portail de place. Si cela n'est pas possible, faites onduler le chemin entre les deux portes, et plantez des bosquets, tout en faisant attention à ne pas planter d'arbre en face de votre porte.

Avez-vous installé deux lions de chaque côté de votre portail pour le côté décoratif ? Ou avez-vous préféré deux boules en pierre ?

✳ Non seulement les lions sont décoratifs mais en outre leur protection est excellente pour la maison. Quant aux boules en pierre, elles représentent la sphère qui symbolise les gens qui aident et qui protègent.

Suivez l'exemple des anciennes maisons qui se protégeaient avec des lions ou des boules que l'on installait sur les colonnes de leur portail.

■ *A Hong Kong, au XIXe siècle, les Britanniques ont installé deux grands lions devant la porte d'entrée de la Hong Kong Bank. Ces lions sont devenus très chers au cœur des habitants de la ville qui leur ont même donné des surnoms. Quand le siège de la banque a été reconstruit, une cérémonie a eu lieu à une date propice pour replacer les deux lions devant la nouvelle entrée et les ouvriers ont bien fait attention de poser sur le sol les deux lions exactement au même moment.*

Le garage

Où se trouve le garage ?

Il est situé au sous-sol de la maison et on y accède par un chemin situé devant la maison.

✳ Chaque fois que la voiture entre dans la maison, son énergie agresse les fondations. De nuit, c'est encore pire. On compare les phares de l'auto à des yeux de tigre et on dit que cette énergie pénètre dans l'habitation. Ce sont des forces beaucoup trop *yang* pour une maison. Toutes les pièces qui se trouvent directement au-dessus du garage, souffriront de cette masse de métal qui va et vient en dessous. N'y installez surtout pas une chambre à coucher.

Si vous le pouvez, condamnez ce garage et transformez-le en rangement pour les outils de jardin, en buanderie, chaufferie ou en salle de jeu. Si c'est impossible, placez au-dessus de la porte du garage et à l'extérieur, un miroir convexe comme on en installe pour sortir des parkings. Il reflétera les énergies négatives sans heurter les voisins d'en face.

■ *Evelyne et son mari ont fait l'acquisition d'une maison dont le garage se trouvait dans les fondations de la maison. Les anciens propriétaires avaient fait faillite. Et pour elle, il était évident que cette rampe descendant en pente raide à l'intérieur de la maison avait véhiculé des énergies destructrices pour ses anciens occupants.*

Evelyne a eu beaucoup de mal à convaincre son mari du bien fondé de condamner le garage et de combler le chemin qui se dirigeait tout droit au sous-sol. Mais quand la rampe a été supprimée et que le terrain devant la maison est devenu un jardin harmonieux,

son mari a reconnu que les énergies de la maison s'était transformées en bien. Cela valait le petit désagrément de garer la voiture dans l'abri qui a remplacé le garage.

Le garage est-il une construction indépendante, à côté de la maison ?

✳ Bravo, c'est exactement comme cela que le garage est le mieux placé. Il devient une construction à part et ne trouble plus les énergies de la maison.

Si votre terrain est irrégulier, implantez votre garage, si c'est possible, dans une partie qui le rendra plus régulier.

Le garage est-il contre la maison ?

✳ Le garage est une construction adossée à la maison et une porte les fait communiquer. Quelquefois, cette porte devient l'unique porte d'accès et l'entrée principale n'est plus jamais utilisée, ou seulement par le facteur et quelques visiteurs.

Une porte du garage utilisée pratiquement tout le temps, devient la porte principale d'accès à la maison. Elle doit donc se trouver dans une direction favorable pour le chef de famille par rapport à son trigramme personnel (voir page21). Attention également à ce qui se trouve sur le

passage du garage à la maison. Tout doit être bien rangé, et si possible agréable à l'œil. Souvent, il faut passer par la cuisine pour entrer dans la maison, ce qui ne donne pas les énergies bénéfiques apportées par le *ming tang* d'une entrée large et bien éclairée.

■ *Charlotte et Benjamin utilisent chaque jour la porte au fond du garage pour entrer dans leur maison. Ils empruntent un couloir sombre, passent devant des toilettes et traversent une pièce où ils stockent les vieux meubles dont ils veulent se débarrasser un jour. Bien que leur entrée possède un superbe ming tang, le fait de ne jamais utiliser la porte principale, aboutit à placer leur entrée dans un vieux débarras. Ce qui n'est pas énergisant du tout.*

LE PLAN DE LA MAISON

Le mot maison est employé ici pour indiquer indifféremment la maison ou l'appartement. C'est seulement lorsqu'un élément s'appliquera tout particulièrement à l'appartement que ce terme sera utilisé.

Le travail des artisans *qui permet l'arrondi des bois apporte une belle harmonie.*

L'analyse des formes de la maison ressemble considérablement à celle que nous avons faite pour les formes du terrain. On peut y remédier un peu dans une maison. C'est quasiment impossible dans un appartement.

Le plan de votre maison est-il de forme irrégulière ?

✳ Les meilleurs plans sont carrés ou rectangulaires. Superposés au carré magique *luo shu*, les autres dispositions ont des parties qui manquent ou qui sont en trop. Chaque partie du plan représente une des directions de la rose des vents, et chaque secteur manquant correspond donc à une coupe dans les aspirations profondes.
Un plan en L peut comporter beaucoup de parties en moins.
Et ses occupants risquent d'être perdants sur certaines de leurs aspirations légitimes.
Chaque pièce pouvant également être superposée au *luo shu*, on y retrouvera aussi des directions manquantes.
Il faudra veiller à ce que les secteurs dont certaines parties sont trop réduites, soient particulièrement soignés et ordonnés, sans accumulation d'objets.

Dans le cas d'une maison en L au milieu d'un jardin, on peut recréer la partie manquante en plaçant à l'extérieur, à la jonction virtuelle des murs manquants, un point de lumière : lampadaire, éclairage de jardin. Construire des murets à la place des murs manquants est également une bonne solution ainsi que l'installation de gros pots de fleurs, ou l'aménagement d'une terrasse, ou d'un auvent.

Dans le cas d'un appartement en L, on peut quelquefois aménager deux parties bien distinctes, deux carrés qui instaurent par exemple un espace d'activité pour le jour et un espace de repos pour la nuit. Cela atténue l'effet de la hache et de son manche créés par la forme en L.

■ *Olivia et Frédéric essayent depuis cinq ans d'avoir un enfant sans y parvenir. Le secteur ouest qui symbolise les enfants est manquant dans leur maison. De plus la construction l'an dernier d'une véranda a accentué ce défaut. Ils conviennent d'installer un lampadaire à la jonction des murs manquants, de créer une terrasse avec de grands bacs à fleurs qui délimiteront cet espace en moins. Ils placent également dans la partie ouest de leur salon un cristal de roche et des photos de leurs neveux et nièces avec un beau bouquet de fleurs fraîches. Sans complètement effacer le défaut, celui-ci sera amoindri.*

Le plan de la maison est-il de forme triangulaire ?

✳ Un plan de forme triangulaire symbolise le feu. Avec cette disposition, les pièces seront souvent elles-mêmes irrégulières. Dans ce lieu les gens risquent d'être fatigués par l'excès d'énergie feu.

A condition qu'il ne s'agisse pas de chambres, les pièces triangulaires peuvent être corrigées par un grand miroir sur la partie qui part en biais. La perpective du mur en biais sera alors corrigée.

Le plan de la maison a-t-il la forme d'un rectangle ou d'un carré ? Est-il régulier ?

✳ Un excellent plan. Le carré ou le rectangle sont les meilleures formes pour une demeure. Attention donc si vous souhaitez acquérir le studio du voisin qui est mitoyen ou créer un duplex en récupérant l'appartement du dessus, ils peuvent vous faire perdre le bon équilibre qu'offre votre appartement.

Quand vous vous agrandissez, vérifiez bien la nouvelle forme que vous allez créer. Tous les appartements remodelés n'ont pas des formes difficiles, loin de là. Il faut simplement être vigilant quand on veut réunir des appartements qui n'étaient pas conçus à l'origine pour cela.

■ *Ariane et Michel ont acheté un petit appartement au-dessus de chez eux pour créer un duplex. Ils y ont installé leur chambre et leur salle de bains. Depuis, Ariane a perdu son travail et leur couple bat de l'aile : ils n'arrêtent pas de se disputer. Leurs voisins qui avaient fait la même opération deux ans avant ont divorcé et vendu leur appartement. Ils décident de prendre un appartement bien carré et Ariane retrouve un autre travail trois mois après le déménagement.*

Avez-vous une pièce qui est de forme irrégulière ? En L, ou avec un pan de mur qui part en biais ?

✳ Ce qui compte pour le plan dans son entier, comptera pour une pièce seule. La meilleure forme pour une pièce est le carré ou le rectangle. Les dispositions en L ne sont pas bénéfiques, car il manque une partie des directions de la rose des vents qui représente les aspirations de l'homme. Même chose pour les pièces qui tendent vers le triangle. Dans la partie qui se rétrécit, les énergies sont comprimées, ce qui les rend agressives.

On s'efforcera de partager une pièce en L en deux parties en installant un paravent, une bibliothèque, un muret ou tout autre écran qui créera deux rectangles. Pour les pièces qui tendent vers le triangle, on peut mettre une glace sur le mur qui part en biais sauf dans une chambre. Ou bien on installera une penderie qui cachera le coin le plus étroit, ce qui rectifiera un peu la pièce.

La porte d'entrée

Placez-vous sur le pas de la porte et regardez à l'extérieur de votre maison. Imaginez votre porte d'entrée comme une bouche qui permet à la maison de respirer et vous comprendrez l'intérêt de lui laisser un espace libre devant : le fameux *ming tang*.

Il est également de la plus grande importance de neutraliser toute flèche secrète dirigée vers cette porte. Attention, votre porte d'entrée est celle que vous utilisez le plus souvent, et non celle qu'empruntent vos invités. Si vous passez toujours par la porte arrière ou celle du garage, c'est celle-ci qui devient votre porte d'entrée.

Offrez à vos portes *des poignées aux formes douces.*

Que voyez-vous devant votre porte ? Un arbre, un poteau téléphonique, une colonne, la parabole d'un satellite ou même une boîte à lettres sur pied ? Le toit pointu de la maison voisine lui fait-il face ? Se trouvant exactement en face de votre porte d'entrée, le clocher d'une église, ou encore un château d'eau sont-ils dirigés sur elle ?

✳ On appelle ces obstacles des flèches secrètes. Ce sont des influences néfastes qu'il faut absolument contrer, car elles empêchent les bonnes énergies du *ki* de pénétrer chez vous et de vous apporter tous ses bienfaits.

Vous pouvez installer au-dessus de votre porte à l'extérieur faisant face à la flèche secrète, un miroir convexe qui renverra aux quatre coins de l'atmosphère ses énergies négatives. Ce type de miroirs se trouve souvent à la sortie des parkings. On peut en trouver dans les magasins d'accessoires de cycles. Un miroir plat renverrait les énergies négatives vers celui qui l'émet. Vous risquez de blesser un voisin, ce qui se retournerait contre vous. Cela serait très néfaste dans le cas du clocher d'une église.

Avez-vous devant votre porte, un cimetière, une maison en ruine, un arbre mort ?

✳ Tout ceci est trop *yin* et symbolise la fin de vie sur terre, avant la renaissance. Parce qu'elle représente le monde des vivants, la maison doit être entourée d'énergies *yang* et tout rappel de la mort lui est très néfaste.

Evitez de prendre une maison ou un appartement avec vue sur un cimetière. Les énergies *yin* sont si fortes qu'il est très difficile de les contrer. La maison en ruines ne vous aidera pas à prospérer, au contraire. Dans les deux cas, on pourra installer un ba gua à l'extérieur de la maison sur le mur faisant face au cimetière. On cherchera à couper l'arbre mort. Ou bien à le dissimuler par des haies si celui-ci se trouve chez un voisin qui ne veut pas s'en débarrasser. On dit enfin que le grand *yin* d'un cimetière est atténué par une porte rouge.

Anne-Sophie et son mari habitent une jolie maison dont la vue était malheureusement bouchée par une ruine appartenant à des voisins qui ne faisaient rien pour la faire disparaitre. Du premier étage, la vue s'étendait très loin à l'horizon, mais dans le séjour on voyait seulement le toit effondré de la ruine. Finalement, Anne-Sophie a proposé à son voisin de financer les travaux de démolition du bâtiment. Bien qu'elle l'ait fait à contre-cœur et en dernière extrémité, elle a parfaitement agi. Cette ruine ralentissait tous leurs efforts pour apporter de l'harmonie dans leur maison. Depuis que la vue est dégagée, toute la famille est beaucoup plus heureuse et les enfants s'entendent bien.

Etes-vous voisin d'un hôpital, d'un commissariat de police, d'une caserne de pompiers, d'une prison ou d'une maison de retraite ?

✳ Nous avons besoin de ces garde-fous pour vivre bien dans notre société. Mais ce sont des lieux qui concentrent beaucoup de misères physiques et morales, certains davantage que d'autres. Vous pouvez personnellement vivre agréablement à proximité de ce type d'endroit et vous rendre compte - quelquefois trop tard - qu'un de vos enfants ne le supporte pas. Cela peut également apporter maladies, dépressions ou un malaise dans votre couple.

Choisissez des couleurs vives pour vos fenêtres et vos persiennes. Peignez votre porte également. L'influence de la caserne des pompiers sera neutralisée par des couleurs jaune ou ocre,(fleurs et rideaux) surtout pas de rouge qui accentuerait l'élément feu. Evitez de mettre les chambres de vos enfants face à un hôpital, surtout si sa porte d'entrée se trouve du côté de leurs fenêtres. Les énergies des personnes souffrant dans cet hôpital pourraient se répandre dans leurs chambres.

Votre porte d'entrée ouvre-t-elle sur une place tranquille, un square ou un jardin bien entretenu ?

✳ Vous avez la chance d'avoir un *ming tang* devant votre porte, c'est-à-dire une place bien dégagée. Elle permet aux énergies de ralentir en tournoyant avant d'entrer dans votre maison. Ce qui les rend bénéfiques.

Surtout, soyez très vigilant et ne laissez personne détruire votre *ming tang*. C'est une grande chance.

Y-a-t-il une rue qui arrive droit sur votre porte ? Avez vous un passage entre deux immeubles qui se trouve juste en face d'elle ?

✳ Tous ces éléments trop rectilignes agissent comme autant de flèches secrètes et dégagent du *sha qi* directement sur votre porte d'entrée.
Ces flèches secrètes qui se déplacent en ligne droite sont trop violentes pour les humains. Il s'agit là d'un problème important qui sera accentué si la rue descend en pente vers vous.

Placez une barrière visuelle entre la rue et votre porte, arbres ou haie. Tout ce qui est caché à la vue n'existe plus.

Le chemin qui mène à votre maison depuis le portail, est-il sinueux ?

✳ C'est parfait. Le chemin ne doit surtout pas être tout droit, il doit serpenter gentiment avant d'aboutir à votre porte d'entrée, un peu comme un ruisseau, afin que les énergies arrivent en courbes dans votre maison.

Si l'allée dans votre jardin est rectiligne, vous pouvez en redéfinir un tracé sinueux comme le lit d'une rivière calme et tranquille. Si toute modification est impossible, installez des massifs de fleurs en alternance de manière à en adoucir les contours.

Michèle a un cabinet de radiologie. Sa porte d'entrée était située au bout d'un chemin rectiligne et il fallait monter quatre marches pour y accéder. Elle a créé un chemin spécial pour les handicapés : en courbe, il monte légèrement depuis le portail. Il n'y a plus de marches et les énergies se déploient en boucle jusqu'à sa porte d'entrée.

La porte d'entrée est-elle construite dans un matériau solide comme un bois plein ou bien s'agit-il d'une porte vitrée sur une grande partie ?

✳ La porte d'une habitation doit être faite d'un matériau solide comme le bois et de préférence pleine afin de protéger les habitants des influences extérieures. Si une rue fonce droit sur votre porte, tous les phares des voitures pénètreront dans votre entrée par cette porte vitrée. Autrement dit, vous serez agressé par les yeux du tigre.

Ajoutez un panneau de bois sur les parties vitrées. Si votre entrée s'assombrit par la perte de cette arrivée de lumière, pensez à ajouter des lampes.

Les toilettes ou la salle de bains sont-elles situées juste au dessus de votre porte d'entrée ?

✳ C'est une très mauvaise position. Cela signifie que chaque fois que vous entrerez chez vous, il y aura de l'eau au-dessus de votre tête. L'eau ne doit jamais se trouver au-dessus de vous. De plus avec les toilettes, les énergies qui entrent par la porte sont immédiatement polluées par l'eau sale.

Une porte pleine est *toujours préférable à une porte partiellement évidée même magnifique.*

La meilleure solution consiste à ne pas utiliser ces toilettes ou cette salle de bains. En solution de remplacement, on mettra des spots multidirectionnels juste au-dessous de l'emplacement des toilettes ou de la douche pour élever les énergies négatives et lutter contre l'eau par le feu des lampes. Le soir, quand la salle de bains sera utilisée, il recommandé de laisser la lumière allumée.

La porte d'entrée est-elle proportionnée à votre maison ou à votre appartement ? Est-elle assez haute ?

✳ Si votre porte est de taille insuffisante par rapport à votre maison, vous aurez le sentiment que rien ne bouge dans votre vie, un peu comme si vous étiez recluse. La bouche par laquelle entreront les énergies sera trop petite. Une porte à double battants est plus satisfaisante qu'une seule porte dans les habitations de belle taille. Si un des battants était plus petit, il faudrait toujours passer par le plus grand. Si, au contraire, vous avez une trop grande porte par rapport à votre habitation, vous aurez l'impression que beaucoup d'énergie est sollicitée pour peu de résultat. Les énergies entreront mais ne resteront pas.

Il n'y a qu'une solution, si la porte est trop petite, l'agrandir. Si cela n'est pas possible, veillez à dégager le plus d'espace possible de chaque côté de l'ouverture et gardez l'entrée très éclairée. Si vous avez une porte à double battant dans un petit appartement, vous pouvez en condamner un des deux et installer une plante ou un rideau qui dissimuleront le deuxième battant aux regards. N'oubliez pas : ce qui ne se voit pas n'existe pas.

Laure et François ont acheté un magasin d'antiquités avec un appartement juste au-dessus. Un escalier intérieur monte directement de la boutique au premier étage. La porte d'entrée de l'appartement est au fond d'un recoin sombre en forme de triangle car l'escalier qui monte au 2ᵉ étage est situé là. Les énergies n'arrivent pas à passer par ce goulot d'étranglement et Laure, malgré l'enthousiasme des premiers mois se sent anormalement lasse et multiplie les accrocs de santé. L'appartement possède bien une autre entrée, mais il était pratique de faire la comptabilité à l'étage ou de s'occuper des enfants et de descendre au moindre coup de sonnette des clients. Finalement le couple accepte de condamner l'entrée privée et d'utiliser toujours la porte d'arrivée extérieure. La nouvelle entrée est débarrassée de tout désordre et très éclairée en permanence. Laure reconnaît qu'elle se sent mieux et a repris courage.

Votre porte d'entrée est-elle bien orientée par rapport au trigramme personnel du patriarche de la maison, c'est-à-dire du chef de famille ?

✳ L'orientation de la porte est très importante par rapport à la date de naissance du patriarche (celui qui gagne le plus d'argent). Il est nécessaire que cette orientation soit en accord avec l'une de ses bonnes directions, et surtout jamais dans sa pire direction.

Vous pourrez voir page 21 comment calculer le

trigramme personnel et vous apprendrez également quelles sont vos bonnes directions. Pour trouver la direction de sa porte, il faut se mettre sur le seuil en regardant à l'extérieur de la maison avec une bonne boussole de scout. Vous vous assurerez que la direction est exacte en avançant de quelques pas et en reculant de quelques pas, toujours par rapport au seuil de la porte.

Votre porte d'entrée ouvre-t-elle dans une de vos directions difficiles ?

✳ Les énergies qui entrent par la porte de la maison peuvent entrer en conflit avec les vôtres.

Si votre porte est orientée vers une de vos directions difficiles, vous pouvez la peindre d'une couleur qui harmonisera votre relation. Cette touche n'effacera pas complètement les énergies contraires, mais elle les adoucira. Cela vous évitera d'autre part de renforcer une énergie difficile en y ajoutant des éléments antagonistes. Ce qui arrive malheureusement parfois lorsque les parties communes dans une copropriété sont repeintes.

Porte à l'est et au sud-est :

- désaccord avec les trigrammes personnels 6 et 7 : ajouter du bleu ou du noir - et l'élément eau - tableau représentant la mer, poisson.

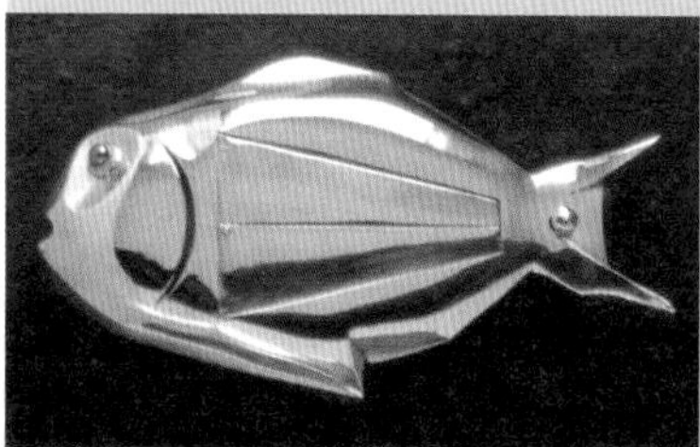

- désaccord avec les trigrammes personnels 2 et 8 : ajouter du rouge ou du violet - et l'élément feu, soleil, lumière.

Porte au sud :

- désaccord avec le trigramme personnel 1 : ajouter du vert, et l'élément bois, plantes, fleurs, boiseries.
- désaccord avec les trigrammes personnels 6 et 7 : ajouter du jaune ou de l'ocre - et l'élément terre, céramique, cristal, marbre, pierre.

Porte au sud-ouest et au nord-est :

- désaccord avec les trigrammes personnels 3 et 4 : ajouter du rouge ou du violet - et l'élément feu - soleil, lumière.
- désaccord avec le trigramme personnel 1 : ajouter du doré ou du blanc - et l'élément métal, objets dorés.

Porte à l'ouest et au nord-ouest :

- désaccord avec le trigramme personnel 9 : ajouter du jaune ou de l'ocre - et l'élément terre, céramique, cristal, marbre, pierre
- désaccord avec les trigrammes personnels 3 et 4 : ajouter du rouge ou du violet - et l'élément feu, soleil, lumière.

Porte au nord :

- désaccord avec les trigrammes personnels 2 et 8 : ajouter du doré ou du blanc - et l'élément métal, objets dorés ou métalliques.
- désaccord avec le trigramme personnel 9 : ajouter du vert et l'élément bois, plantes, fleurs, boiseries.

Un lustre en cristal *apporte toujours une énergie extraordinaire. Et peut ralentir des énergies difficiles en rétablissant l'harmonie.*

L'entrée

L'entrée est une pièce très importante. Elle doit avoir un espace dégagé et aussi vaste que possible par rapport à la taille de votre habitation, ce que les Chinois appellent le *ming tang*.

Comment est votre entrée ? Est-elle bien dégagée ou avez-vous toutes sortes de choses qui l'encombrent : une patère où sont suspendus tous les vêtements de la famille, des chaussures alignées sur le côté, une énorme armoire qui prend la moitié de la place.

✳ Une entrée doit être la plus dégagée possible. A l'extérieur comme à l'intérieur, sous peine de bloquer le mouvement des énergies à travers tout l'appartement. Comme dans le reste de l'appartement, il faut commencer par ranger les choses qui traînent, les objets qui sont sur les armoires et sous les lits avant de songer à entreprendre des changements en Feng Shui. Si vous utilisez des miroirs et que ceux-ci reflètent le fouillis ambiant, cela n'apportera pas davantage d'énergie, mais double fouillis. Souvent, les objets traînent parce qu'il n'y a pas assez de placards. La seule solution est donc de se débarrasser de ce qui n'est plus utilisé ou trop vieux. Il faut apprendre à jeter. Si vous entrez chez-vous le soir après votre travail et que vous trouvez votre entrée encombrée, vous ressentirez un état de fatigue qui vous poursuivra pendant toute la soirée. Les énergies qui vous sont si nécessaires auront été bloquées.

Ne suspendez pas vos vêtements à la vue de tous, n'y laissez pas vos chaussures. Ne l'encombrez pas avec de gros meubles, surtout si elle n'est pas très grande. Les énergies qui entrent par la porte doivent avancer par de grands mouvements circulaires et non se heurter à des obstacles qui les ralentiront.

Votre entrée est-elle assez grande ?

✳ Si elle est toute petite, si elle est en forme de couloir ou que l'on tombe sur un mur en entrant, les énergies seront coincées et leurs bienfaits auront

du mal à parvenir jusqu'aux autres pièces de votre habitation.

Mettez des glaces sur un côté du mur pour l'agrandir, mais jamais en face de la porte, cela ferait repartir les énergies. Installez un lustre avec des pampilles en cristal si c'est le style de votre appartement, ou bien plusieurs spots qui se dirigent dans des directions opposées afin de diffuser la lumière partout et gardez votre entrée allumée chaque soir.

Avez-vous installé un miroir en face de votre porte d'entrée ?

✳ Reportez-vous à la réponse précédente. Il ne faut jamais installer de miroir en face de la porte d'entrée, sous peine de voir les énergies repartir aussitôt.

Changez votre miroir de place. Dans tous les cas, ne mettez jamais deux miroirs l'un en face de l'autre. Cela crée un rebond d'énergies qui ne sont plus contrôlées.

Quelle pièce donne sur votre entrée ?

✳ La pièce qui donne sur l'entrée lui apportera ses énergies : la cuisine vous donnera faim, la chambre vous donnera sommeil, le bureau vous poussera à travailler ou vous fatiguera si vous avez passé déjà toute la journée à travailler. Le salon invitera vos amis et vous-même à profiter des énergies *yang* de votre maison. C'est pour ces raisons qu'il faut éviter d'avoir des toilettes qui donnent directement sur l'entrée, et surtout face à votre porte d'entrée.

Choisissez, si vous le pouvez l'entrée qui donne sur le salon, sinon gardez les autres pièces fermées. Evitez toujours d'avoir les toilettes en face de votre porte d'entrée. La solution consiste à éviter d'utiliser ces toilettes si vous en possédez d'autres. Une solution de remplacement qui n'est qu'à moitié satisfaisante sera de mettre un rideau de perle dans l'encadrement de la porte des toilettes qui sera toujours fermée et d'installer un lustre très lumineux entre les deux portes. Si la porte d'entrée n'était pas en face de la porte des toilettes, vous pourriez accrocher dessus un miroir rond qui empêcherait les bonnes énergies d'entrer dans les toilettes. Si le miroir reflète la porte, ces mêmes bonnes énergies ressortiront tout aussitôt de votre habitation.

■ *Camille a un gros problème de nutrition : elle est boulimique et son problème semble s'être accentué après son déménagement. Quand on entre dans son appartement on tombe immédiatement sur la cuisine à l'américaine, ouverte sur l'entrée et tout à côté des toilettes. Il fallait que Camille isole le plus possible la cuisine de l'entrée et qu'elle installe un miroir rond sur la porte des toilettes. Dès qu'elle a fait également poser des stores et quelques plantes vertes sur le bar de la cuisine pour la séparer du salon, elle s'est sentie moins tentée par la nourriture et mieux dans sa peau.*

La lumière dans votre entrée éclaire-t-elle dans tous les coins sans éblouir ?

✳ L'entrée de votre maison doit être toujours bien éclairée, n'oubliez pas que c'est le premier endroit qui accueille les énergies de l'extérieur. Celles-ci sont chargées de *yang* bénéfique, il ne faut pas qu'une entrée sombre et mal éclairée fasse retomber dès l'accueil ces énergies qui doivent passer de pièce en pièce jusqu'au fond de votre maison.

Installez un bon éclairage. Un lustre de cristal est parfait pour magnifier les énergies, des spots multidirectionnels aussi.

Avez-vous eu envie de placer un bouddha, une protection dans votre entrée, sans savoir trop bien comment le faire cohabiter avec vos images religieuses?

✳ Pas de complexes ! Vous pouvez tout mélanger si vous le

Déjà au XIXe siècle *les boules au bas des escaliers étaient des éléments de Feng Shui très positifs.*

souhaitez, tant qu'il s'agit de protections bénéfiques. Le Feng Shui n'a rien à voir avec la religion et vous n'avez pas besoin de remplacer vos objets de culte par des mandala ou des bouddhas.

Veillez à bien installer vos statuettes et images religieuses sur une table ou une étagère qui sera toujours située au dessus de la taille. Ne les placez jamais face aux toilettes. Un bon endroit pour les disposer ? En diagonale face à la porte d'entrée. Enfin, quand vous les nettoyez, pensez à ne pas les enjamber.

L'escalier

L'escalier qui mène au premier étage est-il face à la porte d'entrée ?

✳ C'est un emplacement à éviter absolument. Toutes les énergies qui viennent de la porte s'engouffrent dans l'escalier et se dirigent vers les étages supérieurs. On sent très nettement, dans les habitations qui sont ainsi configurées, un déficit d'énergie au rez-de-chaussée.

Essayez de créer un palier et de changer l'orientation des premières marches. Sinon, mettez un paravent ou une plante pour faire écran entre l'escalier et la porte d'entrée. Mettez également un éclairage bénéfique comme un lustre avec des pampilles ou des spots multi-directionnels.

Votre escalier est-il construit le long d'un mur de votre maison ?

✳ Bravo. Il est bien placé. Il ne doit jamais se trouver dans la partie centrale de la maison.

Quelquefois, on trouve des cages d'escaliers avec une partie qui monte et une autre qui descend à la cave, le tout créant un énorme vide en plein milieu de la maison. Les énergies du centre sont dangereusement affaiblies pour la santé des habitants.

Un escalier sera toujours mieux installé le long d'un des murs de la maison. Il faut fermer ou dissimuler le trou béant de la cage d'escalier, bien l'éclairer et le peindre de couleurs yang comme le jaune, le rouge ou le blanc pour élever les énergies.

Vos marches sont-elles à claire-voie pour plus de clarté ?

✳ Les marches des escaliers doivent toujours être pleines afin que les énergies montent jusqu'aux étages supérieurs. Egalement pour assurer une stabilité à l'ensemble.

Il suffit de rajouter des contre-plaqués pour résoudre ce problème et donner une stabilité visuelle à votre escalier. N'importe quel bricoleur peut faire ce genre de travail.

Avez-vous installé un escalier à vis pour gagner de la place ?

✳ Ce n'est pas une bonne solution. En effet, les escaliers doivent monter en tournant lentement et ne doivent pas avoir la forme d'une vis. Ce type d'escalier véhicule des énergies très difficiles qui agressent la maison, particulièrement s'il se trouve placé dans son centre.

Il est conseillé de remplacer un escalier à vis construit au milieu de la maison. Cela peut occasionner de graves ennuis de santé, surtout pour les femmes, peut-être parce que le ventre symbolique de la maison est transpercé et que le ventre joue un rôle très important chez les femmes.

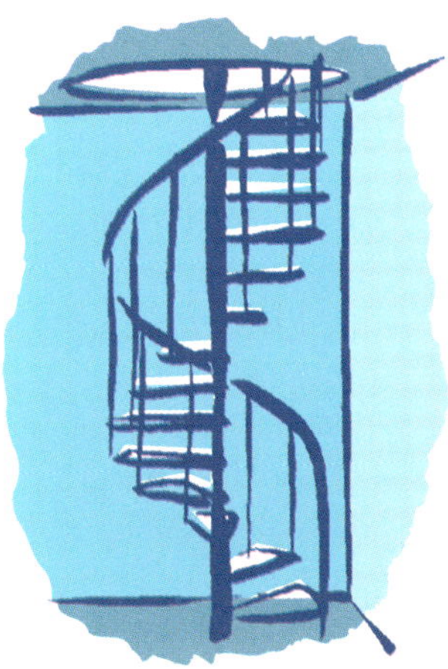

Habitez-vous une maison dont le vieil escalier a une belle boule en cuivre au départ de la rampe ?

✳ C'est une très jolie coutume. La boule reflète les marches de l'escalier et aide les énergies à grimper aux étages. Elle apporte de l'énergie yang aux premières marches qui sont souvent situées dans un endroit un peu sombre.

Si votre escalier a "perdu la boule", n'hésitez pas à lui en remettre une autre. Peu importe si elle est en cuivre, en verre taillé à facettes, ou en verre mercurisé, elle vous apportera ses énergies bénéfiques.

Le salon

Le salon, ou la salle de séjour est la pièce la plus *yang* de l'habitation. C'est le lieu de rencontre de toute la famille, l'endroit où les énergies doivent être les plus vivantes. On y reçoit les amis et les parents. Il est

donc primordial qu'elle soit conviviale et harmonieuse, bref qu'elle ait un bon Feng Shui.

Votre séjour ouvre-t-il sur l'entrée ?

✳ Cette pièce est bien située dans la première partie de l'habitation qui est considérée comme plus yang que le fond. Elle peut ouvrir directement sur l'entrée. Il n'est pas recommandé d'avoir un couloir entre l'entrée et le séjour. Ne mettez aucun meuble encombrant entre le séjour et l'entrée, afin de laisser pénétrer le flux des énergies yang qui entrent par votre porte. Si vous avez un couloir à franchir, veillez à bien l'éclairer et surtout ne l'encombrez pas.

Votre salle de séjour est-elle plus petite qu'une de vos chambres ?

✳ La salle de séjour ne doit pas être plus petite que la chambre. C'est le lieu de rencontre de la famille et des amis, alors que la chambre est dévolue à une ou deux personnes maximum. Il y aurait déséquilibre.

Essayez de permuter les pièces, et si c'est absolument impossible, même en faisant des travaux, essayez de partager votre chambre en chambre-bureau afin de ne pas encombrer votre salon que vous décorerez de petits meubles et que vous peindrez de couleurs claires afin de l'agrandir au maximum.

Utilisez-vous souvent cette pièce, la famille s'y réunit-elle tous les jours ?

✳ Le salon est la plus grande pièce de la maison. Si vous ne l'occupez pas, de *yang*, ses énergies deviennent *yin*. Et une si grande partie de l'habitation qui devient *yin* crée un déséquilibre au niveau des énergies. Vous

Une console derrière *un canapé apportera la protection de la tortue noire aux personnes assises.*

ressentirez un climat plus triste, une tendance à être déprimé.

Utilisez cette pièce tous les jours. N'hésitez pas à disposer des lampes en quantité suffisante et pratiques pour lire, plutôt qu'un seul halogène ou un plafonnier à la lumière glauque. Si vos canapés sont fragiles, recouvrez-les de housses. Enlevez les meubles qui vous déplaisent. Ajoutez un bouquet de fleurs fraîches. Rendez cette pièce plaisante à vivre.

Votre séjour est-il en L ?

✳ Comme nous l'avons vu précédemment, la forme en L n'est pas heureuse. Elle se retrouve cependant dans bon nombre de séjours.

Vous pourriez séparer symboliquement votre salon du coin salle-à-manger par des plantes, un muret ou un paravent arrondi. Des bibliothèques peuvent parfois être disposées avec bonheur pour recréer ces deux espaces.

Votre salon est-il en triangle ?

✳ La forme triangulaire est cause de stress. Forme de feu, elle apporte beaucoup d'énervements et de pertes d'énergies. D'autre part, le plan étant irrégulier, certaines des aspirations fondamentales manqueront selon les secteurs.

Installez un miroir sur le pan de mur qui part en travers et vous retrouverez visuellement la forme bénéfique du rectangle. De même pour le mur qui fait

■ *Marie-Laure habite un bel hôtel particulier de deux étages. Cependant, personne ne séjourne dans le grand salon du rez-de-chaussée. Cette pièce toute en longueur est assez mal éclairée par des fenêtres qui donnent sur un jardin à la végétation exubérante. La décoration très moderne est très sobre, presque froide, toute de verre et de cuir. Aucune couleur. Marie-Laure fait tailler les arbres et arbustes du jardin pour laisser la lumière entrer par les fenêtres, ajoute quelques touches de couleur vive avec des coussins et des lampes et pose des tapis modernes, mais confortables sur le sol en pierre. Elle installe une télévision et le soir même de ces modifications, toute la famille se réunit dans cette pièce boudée depuis si longtemps sans que la maîtresse de maison n'intervienne en quoi que ce soit.*

La couleur très yang de ce canapé réchauffe l'atmosphère.

défaut, un miroir installé judicieusement peut rétablir la partie manquante.

Habitez-vous un appartement dont le séjour est perforé en son milieu par l'ascenseur, la cage de l'escalier voire les deux ?

✳ Les appartements qui ont cette caractéristique sont souvent des appartements au dernier étage qui ont été récupérés sur les combles ou des appartements réunis. Avoir un manque au centre de son appartement est déstabilisant, même si le séjour est grand. Le centre représente l'aspiration de l'être humain à une bonne santé, mais aussi à un bon équilibre. Les femmes peuvent ressentir un manque affectif.

Placez des miroirs sur les murs qui entourent la cage d'escalier ou l'ascenseur. Evitez d'en mettre sur le mur qui fait face à la porte d'entrée ou aux fenêtres principales. Les miroirs corrigent assez bien ce défaut, surtout si vous en recouvrez tout le mur.

Votre "penthouse" possède-t-elle deux terrasses qui se font face dans le séjour, avec de grandes baies vitrées de chaque côté ?

✳ Très beau d'un point de vue décoratif, cet espace est fatiguant à vivre. Les énergies s'échappent par les ouvertures trop importantes et il n'y a pas de protection.

Choisissez une des deux terrasses pour y placer une grande haie verte assez haute. Prenez celle qui est la moins lumineuse, ou la plus étroite. Elle vous servira de mur de protection. Gardez comme terrasse celle qui a la vue la plus dégagée. Votre appartement regagnera en équilibre.

Des colonnes, des avancées de murs ou des meubles font-ils un angle aigu dirigé vers une partie de la pièce ?

✳ Ce sont des flèches secrètes qui envoient leur *sha qi*. Il est dangereux d'avoir son siège dans leur champ, surtout si ces énergies frappent dans le dos.

Une plante devant une colonne la cache parfaitement. Une nappe adoucira l'angle aigu d'une table. Vous pouvez demander à votre menuisier d'arrondir un angle de meuble.

Avez-vous des meubles placés en biais dans un angle de mur ? Des parties de la pièce, dissimulées par des pans de mur ?

✳ Les parties sombres cachées par des pans de murs ou des colonnes sont sans vie et polluent l'atmosphère par leurs émanations *yin* et, dans une moindre mesure, les espaces vides derrière les meubles en coin.

Redressez les meubles installés de biais. Si cela n'est pas possible, éclairez-les de l'intérieur (vitrines, bibliothèques) et intensifiez l'éclairage dans les parties sombres.

Quelles sortes de plantes avez-vous mis dans le séjour et où ?

✳ Si vous faites pousser des plantes dans votre séjour, choisissez-les avec des feuilles bien arrondies. Surtout pas de feuilles pointues. Evitez les cactus - leurs piquants envoient des énergies négatives - et les bonsaïs : ils représentent l'énergie de grands arbres qui a été contrée. Vous ne voulez pas que vos énergies réagissent de même.

Ne gardez ni cactus, ni bonsaïs et mettez les autres plantes dans la partie est ou sud-est de votre salon qui représente l'élément bois. Le secteur sud-est qui symbolise la prospérité est toujours un bon endroit pour les plantes. N'éparpillez pas vos plantes partout. Il vaut toujours mieux les regrouper dans ces zones si la configuration du salon le permet.

Comment sont disposés vos canapés ? Avez-vous adopté une disposition en L, ou pire avez-vous mis le canapé tout seul dans un coin, les fauteuils étant répartis dans la pièce et la table basse disposée le long du mur parce qu'elle encombre ou que les enfants peuvent se faire mal ?

✳ La forme en L n'est pas conviviale, tout comme un canapé placé seul ou trop loin de ses fauteuils.

Si les sièges sont placés en rond, mais qu'il n'y a pas de table au milieu, il y aura échange d'énergies en flèches d'un siège à l'autre.

Il faut placer une table basse entre des sièges afin que les énergies tournent autour de la table. Devant un canapé, installez toujours deux fauteuils et une table basse. C'est le minimum. Un canapé en L fera l'affaire si d'autres sièges l'entourent pour recréer le cercle. Pensez aux Indiens assis en rond pour fumer le calumet de la paix.

Dans ce salon, les *fauteuils rééquilibrent la forme en L des deux canapés : les énergies tournent harmonieusement.*

Voyez-vous la porte quand vous êtes assis dans votre canapé ? Avez-vous un mur derrière vous ou une fenêtre sur le côté et non derrière ?

✳ Pour vous asseoir, la position de la tortue noire, avec un mur plein derrière vous, la porte en diagonale et la fenêtre sur le côté, est ce que l'on appelle la position dominante.

N'oubliez pas de vous installer ainsi la prochaine fois que vous recevrez vos amis chez vous.

Pour que ceux-ci se sentent bien, les maîtres de maison doivent être sereins et se sentir en sécurité.

Tous les membres de la famille cherchent-ils à prendre siège en fonction de leur meilleure direction par rapport à leur trigramme personnel ?

✳ Bravo. Vous pratiquez le Feng Shui qui aide les personnes vivant sous le même toit à se sentir bien en harmonie avec les énergies environnantes.

Regardez page 21 quel est votre trigramme personnel.

Avez-vous installé votre siège sur le passage des énergies qui circulent entre la porte et les fenêtres ?

✳ Il ne faut jamais se trouver sur le chemin de ces énergies trop fortes, ceci pourrait être néfaste pour votre santé.

Une exposition de courte durée est sans importance. Mais, s'il s'agit de sièges que vous occupez régulièrement : votre fauteuil favori, chaise pour les repas, ou fauteuil de bureau et qu'ils se trouvent sur le parcours du flux d'énergies, changez-les de place ou utilisez un paravent qui vous protégera.

Avez-vous une belle vue des fenêtres de votre salon ?

✳ Il est primordial d'avoir une vue dégagée, si possible donnant sur un paysage agréable, que ce soit une vue des toits, un jardin ou une rue sympathique.

Une cheminée est un *élément fédérateur pour la famille et les amis.*

Une belle vue peut contrebalancer beaucoup d'erreurs dans une maison ou un appartement. Un plan irrégulier, des espaces manquants dans un appartement, seront beaucoup moins difficiles si la vue est magnifique. L'environnement est extrêmement important en Feng Shui.

Même si vous devez prendre une habitation plus petite ou moins confortable, ne transigez pas sur la luminosité et la vue dégagée. Préférez toujours un logis lumineux même petit à une autre plus grand mais sombre.

■ *Edouard habite un appartement au huitième étage qui possède une très belle vue sur le dôme des Invalides et la Tour Eiffel. Au pied de son immeuble se trouve un grand parc. Toutes les pièces, cuisine et salle de bains comprises, ont une vue magnifique. Cependant le plan de l'appartement d'Edouard est en "U" avec l'entrée très mal placée sur la partie extérieure du "U". Master Yap en voyant le plan s'était exclamé : "No good, no good". Parce que le Feng Shui de l'environnement est si important, Edouard bénéficie des très bonnes énergies qui pénètrent chez lui par toutes ses fenêtres et mène une vie très heureuse en dépit de son plan irrégulier.*

Habitez-vous un rez-de-chaussée sombre et mal éclairé, une maison qui doit être éclairée toute la journée ?

✳ Il existe des rez-de-chaussée lumineux, des premiers étages baignés de soleil. Cependant, certains donnent sur des cours sombres et humides où le soleil ne pénètre jamais. Les énergies stagnent. Ces habitations sont plongées dans une atmosphère très *yin*. Evitez d'habiter ces lieux où la lumière n'arrive jamais, où il faut sortir la tête dehors pour voir le ciel. Les bonnes occasions de la

vie n'arriveront pas jusqu'à vous. Vous serez oublié par la chance.

Laissez les lumières allumées toute la journée. Prenez un chien ou un chat, les animaux apportent des énergies *yang*. Peignez les murs de couleurs gaies comme le jaune et écoutez de la musique.

Romain habite un bel appartement sur la Rive Gauche, à Paris, en rez-de-chaussée. Malheureusement, les fenêtres de son salon et de sa chambre donnent sur une cour bloquée par un grand mur gris très proche. Il ne voit aucun de ses projets financiers aboutir depuis qu'il habite ici. Les énergies sont lourdes, stagnantes. La seule chose qui ait progressé est sa possibilité de méditer, ce qui s'explique par le côté caverne d'ermite de son lieu de vie. Comme ses ennuis financiers l'empêchent de déménager tout de suite, il décide de garder les lumières allumées dans toutes les pièces dès qu'il rentre le soir, de s'entourer de couleurs chaleureuses, et surtout, de fermer volets et rideaux la nuit qu'il avait pour habitude de garder ouverts. Très vite, il rencontre une jeune femme qui habite un appartement très clair où il passe de plus en plus de temps.

On fait du Feng shui en décorant le sapin de Noël, car nous avons besoin de chaudes couleurs pendant les nuits les plus yin de l'année.

Avez-vous disposé des tableaux gais sur vos murs ? Des fleurs fraîches dans les vases? Des tapis de couleurs chaudes au sol ? Des rideaux et des doubles rideaux en accord joyeux avec les canapés et les fauteuils, décorent-ils les fenêtres qui laissent entrer la lumière à flots?

✳ Le séjour est une pièce *yang*. Il a besoin de tons chauds pour garder ses bonnes énergies qui bénéficieront à toute la famille.

Bravo, continuez. Pensez aussi à vivre en fonction des saisons. En hiver, ajoutez des coussins et des plaids de couleurs chaudes sur vos canapés. Pensez à Noël qui est tellement Feng Shui avec ses couleurs rouge et vert, les illuminations qui décorent toutes les grandes villes juste au moment le plus *yin* de l'année avec ses jours si courts. En été, période de grand *yang*, vous pouvez recouvrir vos canapés de housses bleues, de tonalités froides. Si vous vivez dans un pays très chaud, vous pratiquerez de la même façon.

Dans votre salon, avez-vous des tableaux modernes aux traits sombres et agressifs, ou bien la représentation d'une bataille navale à laquelle vous tenez ? Avez-vous une gravure ou un tableau représentant un grand tigre ? Votre mari fait-il collection d'armes ?

✳ Tous ces tableaux et gravures représentant des scènes de désolation sont à proscrire de votre salon. Quant au tigre, on dit qu'il faut toujours se méfier de cet animal si féroce qu'il peut dévorer les habitants de la maison, surtout s'ils sont nés dans les années des petits animaux (par exemple le rat, le lièvre de l'astrologie chinoise). Certaines armes de collection ont servi. Elles émettent des énergies peu en accord avec la vie paisible d'une famille.

Rangez les collections d'armes dans un tiroir pour les cacher à la vue. Sinon, disposez-les derrière des vitrines en verre. Evitez les tableaux représentant des scènes de bataille, ou des navires en flammes. Anciens ou modernes, peu importe quand le thème est désolant. Et si vous en avez, n'hésitez pas à vous en débarrasser.

Henri possédait la sculpture d'une grande aigle impériale en bronze qui déployait ses ailes, perchée sur un socle dans son salon. Lorsqu'on était assis dans le canapé, on avait toujours l'impression que le rapace allait fondre sur vous. L'atmosphère était très lourde dans cette pièce. Henri cherchait, mais en vain, à vendre son appartement. Un mois après qu'il ait retourné l'oiseau de proie contre le mur, il a trouvé un acquéreur.

Votre plafond est-il blanc et plat, ni trop haut, ni trop bas, avec des moulures arrondies ?

✳ C'est un plafond qui ne gêne pas le passage du chi. Les moulures sont souvent faites de trois traits continus qui tournent autour de la pièce. Ces traits représentent les trois traits continus du trigramme *qian* du *Yi Jing* qui signifie le patriarche, le protecteur. Les moulures, à condition de ne pas présenter d'aspérités, sont extrêmement bénéfiques. Dans certains appartements haussmanniens, on trouve des salons carrés qui ont une large moulure ronde au plafond. Ce cercle dans un carré réunit les deux formes du ciel et de la terre. Ces pièces ont en général de fortes énergies bénéfiques dont profite tout le reste de l'appartement.

Si vous habitez un appartement moderne sans moulures, pensez à mettre une petite moulure à l'intersection du mur et du plafond, et si cela ne correspond pas à votre style de décoration, faites au moins arrondir la jonction entre le plafond et le mur.

Y a-t-il une forêt de poutres dans votre séjour ?

✳ C'est une chose courante dans une grande partie de la France que d'avoir des poutres dans le séjour. Quelquefois, le plafond a été gratté pour les dégager. Mais il n'est pas bon d'avoir des poutres au plafond, surtout si celui-ci est bas et que les poutres sont grosses. Elles perturbent les énergies passant au-dessus de votre tête.

Pensez au moins à ne pas mettre de sièges sous les plus grosses poutres. Si vous le pouvez, peignez-les en blanc, elles seront moins pesantes. Et puis sachez que beaucoup de lumière remonte les énergies et combat assez efficacement l'abaissement du flux d'énergie. Il existe même des rangées de petites lampes que l'on peut suspendre en guirlande juste sous la poutre.

Une cheminée fonctionne-t-elle dans votre séjour ?

✳ Bravo, le foyer de la cheminée rapproche les différents membres de la famille quand ils sont réunis devant les flammes pendant les froides journées d'hiver. C'est un excellent pourvoyeur d'énergies yang.

Veillez à installer confortablement la partie de votre séjour qui comporte la cheminée afin que toute la famille puisse se réunir devant.

La salle à manger

C'est également une pièce *yang*. Dans une maison aux multiples niveaux, elle ne doit jamais se trouver à un niveau plus bas que le salon et ne pas être trop éloignée de la cuisine.

Quelle est la forme de la table? Carrée, ronde, ovale ou rectangulaire ?

✳ Les meilleures formes sont rondes et ovales, car il n'y a pas d'angle aigu qui pointe sur un coin de la pièce. Les formes carrées et rectangulaires sont bonnes également. Cependant les formes rectangulaires allongées et rectangulaires à pans coupés ne sont pas recommandées.

Une salle à manger *a besoin d'énergies yang et ici, la lumière qui pénètre à flots lui en apporte beaucoup.*

Si votre table s'allonge comme une table de moines, n'utilisez que le milieu si vous le pouvez. Et si cette table a des pans coupés, essayez de la draper pour dissimuler ces pans.

Avez-vous disposé vos chaises autour de votre table en nombre impair ?

✳ Les nombres pairs sont signe d'harmonie et apportent plus de bonheur dans les familles.

Pensez à mettre vos chaises en nombre pair dans la salle-à-manger, et aussi partout où vous disposez des chaises. En Chine, c'était une règle valable pour tous les sièges, fauteuils compris. Il fut un temps, en France aussi, à la fin du XVIIème siècle, où la symétrie était la règle. Nous serons moins exigeants et nous nous contenterons de parler des chaises.

Avez-vous mis un miroir sur votre mur qui reflète la table ?

✳ Le miroir qui reflète la table, doublera le nombre des mets et des convives. On dit que cela double la prospérité.

Installez toujours un miroir pour refléter la table de salle à manger.

Avez-vous remplacé le miroir par des tableaux de chasse ou une nature morte de gibier ?

✳ Les tableaux de chasse, les représentations de gibier sont autant de représentation de bêtes mortes, donc d'énergies très *yin*.

Ce sont des tableaux à supprimer et à remplacer, par exemple, par des tableaux de mets succulents ou de fruits.

Jacqueline voulait recevoir davantage d'amis. Elle a mis un miroir devant la table de salle à manger. Mais dans cette pièce froide et impersonnelle, son miroir n'était pas suffisant pour égayer l'atmosphère. Après avoir repeint les murs en jaune et placé quelques lampes, sa pièce a été transformée et le miroir reflète maintenant une table pleine de vie et d'amis, pour des repas très animés.

Une lampe au-dessus de la table de salle-à-manger éclaire-t-elle doucement les convives ?

✳ Ce point de lumière au-dessus de votre table de salle à manger concentre les énergies bénéfiques. Celles-ci tournent autour de la table et apportent ainsi leurs bons influx aux convives.

Il est toujours bénéfique d'avoir un point de lumière au-dessus de votre table.

Si vous ne pouvez pas en prévoir un, veillez à approcher des lampes pour que votre table soit bien éclairée sans éblouissement. Y placer des bougies est une autre jolie façon d'apporter une source de lumière.

Avez-vous pensé à vous asseoir en famille de manière à ce

Les tableaux de fruits *dans une salle à manger sont très favorables et particulièrement les oranges, symboles chinois de prospérité.*

que chacun regarde dans une de ses bonnes directions ?
✳ En général, chacun a une place toujours la même autour de la table familiale. Quand on connaît son trigramme personnel, on peut connaître ses quatre bonnes directions. Dans la salle à manger, vous choisirez la direction du *tian yi*. Le *tian yi*, c'est la deuxième des bonnes directions, elle apporte la bonne santé. Elle est donc très importante pour un malade. Les personnes souffrantes doivent l'utiliser pour retrouver leurs forces.

Reportez-vous page 22 pour connaître vos bonnes directions. Et voici une liste des *tian yi*.

Le Tian Yi, deuxième des bonnes directions, apporte la bonne santé

Pour le trigramme personnel **1**	***Le tien yi***	c'est **l'est**
Pour le trigramme personnel **2**		c'est **l'ouest**
Pour le trigramme personnel **3**		c'est **le nord**
Pour le trigramme personnel **4**		c'est **le sud**
Pour le trigramme personnel **6**		c'est **le nord-est**
Pour le trigramme personnel **7**		c'est **le sud-ouest**
Pour le trigramme personnel **8**		c'est **le nord-ouest**
Pour le trigramme personnel **9**		c'est **le sud-est**

Un baldaquin *neutralise efficacement l'effet pesant des poutres au-dessus du lit.*

La chambre à coucher

La chambre à coucher devrait se trouver dans la partie la plus reculée par rapport à la porte d'entrée. Plus on avance dans la maison, plus les pièces deviennent *yin* et la chambre a besoin d'un calme que ne peut lui donner l'avant de la maison trop *yang*.

Et si la porte de la chambre à coucher donnait dans l'entrée ?

✳ Votre chambre ne serait pas placée au bon endroit pour vous aider à vous reposer. L'entrée est un lieu de passage, beaucoup trop *yang* pour le sommeil.

Recherchez la chambre placée le plus loin possible de la porte d'entrée et en diagonale. C'est aussi la position de commandement. Dans une maison à plusieurs niveaux, choisissez une pièce à l'étage.

Les fenêtres de votre chambre donnent-elles sur une rue bruyante ?

✳ Encore une pièce troublée par trop de *yang*, qui vient cette fois de la rue.

Fuyez les pièces donnant sur des artères bruyantes, ou bien, si vous ne pouvez pas changer de chambre, installez des double-vitrages et des rideaux épais.

Votre chambre est-elle installée dans un sous-sol à l'anglaise ?

✳ Si trop de *yang* nuit, trop de *yin* n'est pas bon non plus. Une chambre au sous-sol, comme cela se passe souvent dans les maisons, dont le premier niveau se trouve au sous-sol, est une pièce aux énergies stagnantes. Elle peut parfois être aménagée pour un adolescent qui réclame un peu plus d'indépendance.

Gardez à votre ado sa chambre ou son lit dans les étages supérieurs et laissez-le utiliser la chambre du bas pour recevoir ses amis et mettre la sono à plein volume, ce sont des activités tellement *yang*, qu'il ne risque rien. Mais il est préférable qu'il continue ses études et dorme dans les étages supérieurs.

Depuis quelques années, rien de gai n'arrive à Mélanie qui habite une maison minuscule. Elle se plaint que la vie l'a oubliée. Quand on visite sa maison, de poupée, on découvre que sa chambre a été emménagée au sous-sol. ""Il y fait plus frais en été et plus chaud en hiver", dit-elle. Le problème est que les énergies porteuses de chance et de possibilités créatrices ne descendent jamais dans sa chambre, qui est presque aussi yin qu'une tombe. Mélanie remonte à regret et installe sa chambre au rez-de-chaussée. Dans l'année, elle retrouve une situation et gagne un procès qui durait depuis cinq ans.

Votre chambre est-elle située au bout d'un long couloir ?

✳ Selon les lois énergétiques, le flux qui parcourt un long couloir va avancer comme un courant beaucoup trop fort et pénètrera violemment dans la pièce située au bout.

Ne prenez jamais de chambre au fond d'un long couloir. Si vous ne pouvez pas faire autrement, veillez à fermer votre porte en permanence. Installez dans le couloir des mobiles et des carillons qui vont ralentir le *chi*. Ce couloir doit être bien éclairé. Les petits spots orientés dans toutes les directions sont excellents pour ralentir le *chi*, les lustres à pampilles également, tout dépend de votre décor.

Avez-vous une salle de bains ou des toilettes contre le mur où vous appuyez la tête de votre lit ? Ces pièces dites humides sont-elles au dessus de vous quand vous dormez ?

✳ Evitez à tout prix de telles dispositions. C'est un interdit très important en Feng Shui, surtout s'agissant des toilettes. Jamais d'eau au-dessus de la tête non plus. Vous avez là une menace majeure.

Ne dormez pas la tête contre le mur mitoyen avec les toilettes pour les mêmes raisons.

Il faut changer l'emplacement de votre lit si la baignoire ou les toilettes se trouvent au-dessus ou derrière. Soyez intraitable dans le cas des toilettes. Si vous n'avez qu'un lavabo derrière le mur et que vous ne pouvez pas changer l'emplacement du lit, prenez une tête de lit en bois bien épais qui vous protégera.

Dormez-vous au dessus d'un garage ?

✳ Le déplacement de ces masses de métal, le fait qu'elles pénètrent dans les flancs de la maison est très perturbant pour nos énergies.

Nous l'avons vu dans le chapitre qui traitait du garage, il faudrait reconvertir ce garage, ce qui n'est pas chose aisée. En attendant cette solution, la seule qui préserve vraiment les énergies, posez un épais revêtement au sol, mettez de gros rideaux aux fenêtres et fermez les volets de votre chambre pour vous protéger, surtout la nuit quand les phares des voitures sont dirigés vers la maison. Appliquez aussi les conseils donnés au chapitre du garage.

La chambre est-elle située au dessus de la cuisine ?

✳ Le lit ne doit jamais se trouver au-dessus du four qui répand une énergie de feu beaucoup trop importante pour trouver le repos juste au dessus. Symboliquement, on se met sur le gril.

Déplacez votre lit ou votre four !

Avez-vous rangé vos vêtements dans un grand placard dans votre chambre et songez-vous à en ajouter un autre à côté, bien que la chambre soit déjà très encombrée ?

✳ Se pourrait-il que vous ne jetiez rien ? Vous gardez des vêtements que vous n'avez pas mis depuis des années- ce sont des souvenirs. D'autres vont revenir à la mode. Vous pourriez retrouver votre silhouette d'étudiant !

En donnant, en jetant, vous allez dégager de belles énergies. En allégeant vos armoires, vous allégez votre tête.

En peignant les *poutres en blanc et en gardant le store baissé, on respecte l'harmonie de cette chambre.*

Le lit

L'orientation du lit est extrêmement importante. Pour le placer dans le bon sens, il est nécessaire de connaître vos bonnes et mauvaises directions. En Occident, on préconise de dormir la tête orientée vers le nord. Mais, avec le Feng Shui, les meilleures orientations se calculent en fonction du trigramme personnel de votre année de naissance (voir page 21). Nous aborderons ici, uniquement la bonne façon de placer le lit, sans tenir compte de vos meilleures directions. A vous de trouver un emplacement qui puisse satisfaire ces deux critères à la fois. Au besoin en choisissant la bonne chambre pour l'un des époux et le bon emplacement du lit pour l'autre.

■ *Exploitants agricoles en Picardie, François et Marie ont souhaité réaménager harmonieusement leur grande ferme en forme traditionnelle de carré, au départ en retraite des parents de François. Le Feng Shui leur a, entre autres choses, permis de mettre en lumière leurs différences et leur complémentarité et les a aidés à trouver dans la maison les zones qui leur convenaient le mieux, pour leurs deux bureaux et pour leur chambre. Ils ont ainsi choisi une chambre qui correspondait à Marie mais dont l'orientation du lit convenait à François.*

Dormez-vous les pieds dirigés vers la porte ?

✳ Vous ne devez jamais dormir avec les pieds dirigés vers une porte. Cela entraînera de grandes déperditions d'énergies. En Chine, cela correspond à la position du cercueil. En Europe, nous disons *"partir les pieds devant"*.

Changez la disposition de votre lit. Fermer la porte ne suffit pas. Il faut, si vous ne pouvez pas changer, mettre un paravent devant votre lit.

Dormez vous avec une fenêtre derrière votre tête ?

✳ En dormant avec une ouverture derrière votre tête, vous perdez votre sécurité. Vous vous trouvez sur le passage du *qi* et vous risquez fort d'être troublé et de mal dormir.

Changez de place. Une solution, si vous ne pouvez pas faire autrement, est d'installer de lourds rideaux aux fenêtres que vous tirerez le soir. Protégez également votre tête par un appui.

Ariane a étudié le Feng Shui. Elle sait donc qu'il faut mettre une protection derrière sa tête pour dormir. Elle a mis un paravent derrière la tête qui la sépare de son bureau et de la fenêtre. Son lit a une tête de lit. Cependant, elle n'arrive pas à dormir et se réveille chaque nuit vers quatre heures du matin. Jusqu'au jour où, épuisée, elle change le lit de place, et l'installe, la tête contre le mur. Le soir même, elle dort d'une traite jusqu'au matin.

Dormez-vous avec un mur solide derrière votre tête ?

✳ Bravo. Cet appui représente la montagne, la tortue noire qui vous protège. Vous dormirez avec un sentiment de sécurité. Cela vous aidera à vous sentir soutenu dans vos entreprises.

Pour accentuer ce sentiment, pensez à installer une tête de lit.

Votre lit est-il placé entre deux portes ou entre une porte et une fenêtre ?

✳ En installant votre lit de la sorte, vous serez placé sur un passage d'énergies trop fort pour votre santé. Le flux des énergies n'est pas régulier tout au long de leur parcours. Il est très puissant entre les différentes ouvertures d'une pièce. Il est donc fortement recommandé d'éviter ces zones de *sha qi*.

Placez un paravent devant une des deux portes ou devant la fenêtre si vous ne pouvez pas changer l'emplacement du lit.

La porte de la salle de bains donne-t-elle dans votre chambre ?

✳ La porte de salle de bains laisse passer des énergies trop *yin* pour une chambre à coucher. L'entrée de la salle de bains ne devrait jamais se faire directement dans la chambre.

Si vous le pouvez, installez la porte de la salle de bains dans le couloir. Parfois, quand la salle de bains est grande, on peut créer un sas où l'on installe des placards de rangements. Ils éviteront l'entrée directe de la chambre à la salle-de-bains.

Avez-vous un lit avec des tiroirs dessous.

✳ Il n'est pas recommandé de mettre des objets sous le lit. Recyclez vos vieux journaux, rangez vos chaussures et placez ailleurs vos cartons à dossiers. Laisser circuler l'énergie sous et autour du lit.

Si la place manque vous pouvez glisser dans des tiroirs du linge de lit, draps, couettes, couvertures ou placer ce linge dans des housses directement sous le lit.

Votre lit est-il très bas ?

✳ A moins de supprimer les chaises, canapés et tables de salle à manger, d'enlever ses chaussures, nos intérieurs ne sont pas faits pour vivre au ras du sol.

Choisissez un lit qui ne soit pas trop bas, 45 centimètres au moins de hauteur. Et posez votre futon sur une estrade.

Patricia et Laurent partent aux sports d'hiver. L'hôtel n'a plus que des chambres à deux lits. Ils les rapprochent et passent leurs vacances à se disputer, à s'irriter mutuellement, ce qui ne leur arrive jamais à Paris. De retour dans leur appartement, l'harmonie revient sur le couple. Heureusement, les vacances étaient courtes.

Dormez-vous dans un lit double, mais avec deux matelas ?

✳ Ce n'est pas l'idéal pour une parfaite entente. Cette ligne médiane apporte au couple, une possibilité de séparation.

Il vaut mieux faire lit ou chambre à part que de rapprocher deux lits côte à côte ou de dormir sur deux matelas séparés. Voilà, vous êtes prévenu !

Dormez-vous dans un lit à baldaquin ?

✳ Un lit à baldaquin est une bonne solution si vous êtes protégé entièrement sous un ciel de lit.

Si vous n'avez que quatre colonnes qui se dressent sans ciel de lit, une mousseline légère, une moustiquaire en tulle feront l'affaire.

La literie

Vous passez un tiers de votre vie dans votre lit, toute la literie doit être en parfaite condition. Changez-la avant qu'elle ne donne des signes de fatigue. Vous n'attendez pas dix ans pour changer votre garde-robe que vous utilisez pourtant beaucoup moins.

Une tête de lit *apporte un élément de protection rassurante, la tortue noire*

Pensez-vous déménager bientôt et souhaitez-vous changer de literie ?

✳ Chaque nuit, vous emmagasinez des énergies dans votre lit qui écrivent votre histoire, mais qui peuvent vous freiner dans votre nouvelle vie. En déménageant, vous allez bientôt changer d'énergies, changer de literie est la bonne solution.

La bonne solution serait de changer de matelas et de sommier. Si votre situation financière ne vous le permet pas, ou que vous voulez conserver une literie presque neuve, achetez au moins de nouveaux draps et, quand vous serez dans votre nouvelle maison, tapez très fort sur votre vieux matelas pour le débarrasser de ses énergies *yin*.

Votre couple s'est-il séparé, avez-vous divorcé récemment ?

✳ Les souvenirs restent au creux du lit et il est difficile de faire son deuil d'une personne quand on dort dans les draps mêmes qui bordaient notre bonheur.

Vous souhaitez oublier le passé et recommencer une nouvelle vie sentimentale, changez de draps, changez de matelas et même si vous le pouvez, changez de lit.

Quelqu'un a-t-il été très malade dans cette literie ?

✳ Les énergies *yin* se sont accumulées dans le matelas du malade.

Ne réutilisez pas la literie d'un grand malade, encore moins celle d'un mort.

Tabous dans la chambre à coucher

Une chambre à coucher est faite pour faire l'amour et pour dormir. Tous les objets ou les meubles qui ne concernent pas ces deux ancrages primordiaux n'ont rien à faire dans cette pièce. Dans l'idéal, seuls un lit, deux tables de nuit et des lampes sont nécessaires.

Un miroir reflète-t-il le lit ?
✳ C'est tout à fait déconseillé. Les miroirs reflètent l'énergie, le *qi*. Ce doublement d'énergie rend l'environnement *yang* et fatigue le dormeur qui a besoin de calme pour se reposer. On entend par miroir tout ce qui pourrait refléter le lit. Ainsi un écran de télévision ou d'ordinateur, un meuble en laque très brillante refléteront également le lit.

Supprimez les miroirs. Si votre plaisir est de regarder la télévision de votre lit, la nuit tournez l'écran – il existe des modèles qui le font à la télécommande, de manière à ce qu'il ne reflète pas le lit ou couvrez-le juste avant de vous endormir.

La chambre de Rosemary, artiste en vogue est couverte de miroirs. Elle en a mis d'anciens et très jolis sur chaque mur et a même fait recouvrir sa porte d'un panneau de glace. Rosemary qui va de succès en succès ne peut pas faire le lien entre sa fatigue croissante - elle est souvent malade - et le repos qui lui fait défaut dans sa chambre à coucher. Pour retrouver dans sa vie la santé qui lui manque, elle gagnerait à enlever tous ses miroirs.

Avez vous installé un aquarium dans votre chambre ? Ou mis une fontaine dans un coin ? Ou encore, suspendu un paysage aquatique au dessus de votre lit ?
✳ L'eau, sous toutes ses formes, n'a pas sa place dans la chambre à coucher. L'eau est un puissant accélérateur d'énergie. Il suffit d'observer ce qu'il advient à l'électricité lorsqu'elle rencontre l'eau.

Pas d'aquarium, ni de fontaine, ni de tableau de marine dans une chambre. Renseignez-vous sur l'emplacement du chauffe-eau afin qu'il ne soit jamais au dessus de votre lit.

La chambre de Béatrice donne sur un très haut mur qui est en fait un grand réservoir des eaux potables d'une partie de la ville de Paris. L'appartement qui appartient à ses parents est situé au premier étage et ce mur surplombe la chambre. Béatrice n'a qu'une envie, déménager. Elle sent bien que cet endroit est très néfaste, mais elle craint de faire de la peine à ses parents. Elle trouve heureusement après quelques hésitations un petit appartement très lumineux. Béatrice n'a que 21 ans, elle a beaucoup d'énergie yang et n'a pas eu le temps de souffrir réellement dans son premier appartement de jeune fille. Cependant, l'eau est toujours une menace de désé-

La disposition de cette armoire à glace permet de ne pas refléter le lit et de ne pas troubler le sommeil des dormeurs.

quilibre, voire de maladie dans une chambre.

Avez-vous mis des plantes dans votre chambre ?

✳ Les plantes et les fleurs sont beaucoup trop *yang* pour être placées dans une chambre à coucher. Seule exception à cette règle, les fleurs ou les plantes qu'on apporte à une personne alitée. Elle a besoin de la vigueur *yang* de la plante pour guérir. Pour vous qui recherchez le calme, les plantes vous empêcheront de bien dormir. On les considère même néfastes à la bonne entente du couple.

Même si les plantes poussent bien dans votre chambre, ne les gardez pas. Elles seront bien mieux placées dans votre séjour où elles vous stimuleront. Il arrive qu'on mette des fleurs fraîches en signe d'accueil dans la chambre d'amis, mais il faut toujours les enlever en les mettant par exemple sur le rebord de la fenêtre pour la nuit.

Avez-vous suspendu dans votre chambre des tableaux représentant des couples qui s'enlacent amoureusement, des paysages de riantes campagnes ou quelques tableaux abstraits aux lignes courbes et aux joyeuses couleurs ?

✳ Les tableaux d'amoureux sont bienvenus dans une chambre, ainsi que les couleurs calmes et les formes arrondies.

Faites attention aux tableaux que vous choisissez pour votre chambre, et en particulier aux tableaux abstraits avec angles aigus et couleurs tristes. Evitez les grands tableaux représentant des sous-bois ou des forêts trop sombres.

Dormez vous sous une ou plusieurs poutres ?

✳ La moitié de la France dort avec des poutres au-dessus du lit. Dans les maisons anciennes, on cherche même à découvrir les poutres des plafonds. Mais le *qi* devient chaotique en avançant

contre les poutres d'un plafond. Le pire étant d'avoir une poutre au-dessus du lit qui le traverse dans le sens de la longueur. C'est une très sérieuse menace de séparation du couple. Par ailleurs, une très grosse poutre surplombant une partie du corps d'un dormeur peut affecter cette partie. Par exemple, une poutre au-dessus de vos poumons pourrait provoquer chez vous des bronchites à répétition.

Dans l'ancien temps, les gens dormaient sous des lits à baldaquin. Si vous avez des poutres au plafond, reprenez cette habitude et mettez un ciel au-dessus de votre lit, surtout si vous avez une poutre qui traverse le lit dans sa longueur. Autre solution : changer le lit de place.

■ *Jeune et jolie pianiste, Anne est habite la Région Parisienne dans une grande maison ancienne. Elle dort sous une très grosse poutre qui passe juste au niveau de ses poumons. Souffrant de troubles respiratoires, une bronchite chronique dont elle n'arrive pas à se débarrasser, Anne change son lit de place et sa bronchite disparaît.*

Un lustre ou une étagère ou même un placard surplombent-ils votre lit ?

✳ Ils peuvent provoquer le même phénomène que l'on enregistre sous des poutres. Les étagères ou les placards au-dessus de la tête de lit provoquent souvent un fort mal de tête ou des insomnies qui disparaissent comme par enchantement quand on enlève ces objets encombrants.

Supprimez tout ce qui peut se trouver au dessus de votre lit, lustre, étagère ou placards, surtout si cela se situe au-dessus de votre tête.

■ *Olivia souffre d'un mal de tête récurrent. Dans sa chambre à coucher, il y a une bibliothèque encastrée juste au-dessus de la tête de lit. Elle l'enlève et aussitôt, le mal de tête disparaît. Son mari, qui ignorait tout du Feng Shui, a vu ses migraines disparaître également.*

Une écritoire de *petite taille ne gênera pas l'harmonie de votre chambre.*

La chambre à tout faire

Par goût ou par obligation, vous avez peut-être installé dans votre chambre toutes sortes d'objets qui ne servent ni pour s'aimer, ni pour dormir. Au fil des heures, votre chambre devient également bureau, salle de gym, salle de repassage avec planche et corbeille à linge.

Avez-vous installé dans un coin, recouverts d'une housse, une bicyclette de cardio-training ou un cyclo-rameur dont vous ne vous servez jamais ?

✳ Cette bicyclette d'appartement est tout juste bonne à vous donner mauvaise conscience. Et abandonnée dans son coin, elle accumule de l'énergie *yin*.

Tout objet utile doit être utilisé, sinon il perd sa fonction et on doit s'en séparer. Si vous utilisez votre bicyclette ou votre cyclo-rameur, c'est une très bonne chose pour votre forme, mais placez-la plutôt dans la salle de bains. Sinon, vendez ou donnez ces instruments, puisque vous n'aimez pas vous transformer en écureuil.

Laissez-vous les enfants dormir la nuit dans la chambre des parents ?

✳ Les parents laissent parfois les enfants envahir leur espace. Les enfants jouent et dorment dans la chambre parentale ou ils y regardent tous les soirs la télévision, ne laissant guère de moments de tranquillité au couple.

Si vos enfants restreignent trop votre vie de couple, renvoyez-les dans leur chambre et soyez très fermes sur ce point. Si les parents ne sont pas épanouis, les enfants ne seront pas heureux.

Eliane n'a plus de vie de couple. Ses deux enfants de 2 et 4 ans dorment dans la chambre parentale. Leur père a installé son bureau et son ordinateur dans la chambre d'enfants. Le travail consistera à redonner à chaque chambre sa destination d'origine et à trouver un emplacement dans le bon coin du salon afin d'y mettre le bureau et l'ordinateur paternel.

Avez-vous accumulé dans votre chambre tous les meubles de votre précédente chambre qui était beaucoup plus grande ?

✳ Si nos placards sont bourrés, si le dessous de nos lits est encombré, n'est-ce pas parce que nous ne savons pas abandonner notre passé, en donnant, en jetant, en faisant le ménage dans notre vie. Lorsqu'on quitte un grand appartement pour un plus petit, on répugne souvent à se débarrasser des anciens livres et cahiers de nos enfants et des meubles qui ont appartenu à notre famille. Et pourtant il faut que l'énergie circule entre chaque meuble et sous chaque meuble pour qu'elle nous stimule. Si les bonnes énergies sont bloquées, nos vies s'en ressentent et nous ne progressons plus.

Séparez-vous des meubles devenus trop grands pour votre nouvelle chambre. Ne gardez plus que ce que vous aimez vraiment. En la dégageant, vous allez renouveler les énergies de la pièce.

Avez-vous calculé votre bonne direction pour dormir en fonction de votre trigramme personnel ou de celui de votre mari ?

✳ Quand vous dormez, c'est le haut de votre tête qui doit pointer vers une de vos bonnes directions. Regardez page 21 comment faire pour les trouver. Si votre mari est des mêmes maisons que vous, vous aurez les mêmes bonnes directions, mais dans le désordre.

La troisième bonne direction, le *nian yan*, est la direction du bonheur du couple. Essayez que l'un de vous deux dorme dans cette direction. Cela favorisera votre relation. Célibataire, cela facilitera vos rencontres.

Le nian yan, la troisième des bonnes directions, favorise les relations du couple.

Pour le trigramme personnel **1**	***Le nian yan***	c'est **le sud**
Pour le trigramme personnel **2**		c'est **le nord-ouest**
Pour le trigramme personnel **3**		c'est **le sud-est**
Pour le trigramme personnel **4**		c'est **l'est**
Pour le trigramme personnel **6**		c'est **le sud-ouest**
Pour le trigramme personnel **7**		c'est **le nord-est**
Pour le trigramme personnel **8**		c'est **l'ouest**
Pour le trigramme personnel **9**		c'est **le nord**

La relation *yin/yang* dans la chambre

La chambre est la pièce la plus *yin* de toutes les pièces à vivre. Cela ne veut pas dire quelle soit complètement *yin*, mais que la balance *Yin-Yang* est en faveur du *Yin*. On recherchera donc un équilibre qui facilitera le sommeil tout en veillant à l'harmonie du couple, à une vie conjugale heureuse et par voie de conséquence à l'équilibre de toute la famille.

La chambre a-t-elle beaucoup de fenêtres ? Et de grandes baies ouvrant très largement ?

✳ Si vos fenêtres occupent beaucoup de place, si elles descendent jusqu'au sol, la pièce recevra beaucoup de lumière, surtout si celle-ci vient de l'ouest. En été, le soleil pénétrera dans votre chambre, chauffant celle-ci de ses rayons trop *yang*.

Pensez à installer des stores à vos fenêtres. Protégez-vous avec de lourds rideaux que vous tirerez afin de ne pas subir cette trop forte lumière.

Avez-vous, contrairement à la question précédente, vue sur une cour sombre où le soleil ne pénètre jamais ?

✳ Votre pièce est trop *yin*. Elle freine l'arrivée des énergies bénéfiques porteuses de chance.

Décorez-la de couleurs chaudes comme le jaune et l'ocre clair. Gardez la lumière allumée dans la journée. N'hésitez pas à bien l'éclairer sans éblouir grâce à un éclairage indirect.

Une grande télévision trône-t-elle dans votre chambre ?

✳ Les programmes de télévision, les films qu'on y regarde ne poussent pas forcement à la sérénité. La télévision est très *yang*.

Efforcez-vous de ne pas regarder systématiquement la télévision de votre lit et la nuit, recouvrez l'écran pour en éviter le reflet.

Les murs de votre chambre sont-ils recouverts de couleurs pastel ?

✳ Toutes les couleurs pastel : le bleu clair, le rose, le beige sont des couleurs parfaites pour les chambres. Le rouge, les couleurs vives ou foncées sont trop *yang* et en principe, ne conviennent pas.

Choisissez des tons pastel, vous ne pourrez pas vous tromper. Il est parfaitement possible de décorer harmonieusement sa chambre avec des couleurs fortes, c'est simplement plus difficile et demande une connaissance innée ou acquise de l'équilibre entre le *yin* et le *yang*.

La chambre d'enfant

La chambre d'enfant est plus *yang* que celle des parents. L'enfant y joue et y étudie autant qu'il y dort. On peut donc y mettre des couleurs vives et des formes gaies. Dans la mesure du raisonnable, il est bon de faire participer l'enfant dans le choix de la décoration de sa chambre. On peut le conseiller pour la bonne position de son lit et de son bureau, mais s'il préfère une autre position, laissez-le s'organiser seul.

Votre enfant a-t-il dans sa chambre des peluches ou des dessins d'animaux de la jungle qui lui font peur ?

✳ C'est beaucoup plus courant que l'on imagine. Les tigres, les animaux qui ont de gros yeux noirs plongent parfois les petits dans des terreurs qui les empêchent de dormir. En Asie, certaines personnes se servent de la représentation du tigre comme protection à l'extérieur de la maison. On ne devrait jamais le mettre dans une maison. On dit qu'il peut se retourner contre les habitants et les dévorer. Tout ceci est symbolique, mais ce symbolisme possède une force destructrice trop *yang* pour la plupart d'entre nous. Seules les personnes nées l'année du tigre peuvent supporter sa représentation.

Ne gardez pas de grosses bêtes féroces en peluche, sauf si votre enfant manifeste son attachement pour eux.

Franck, 2 ans, ne veut pas dormir dans sa chambre. Il s'installe dans le lit de sa grande sœur et pleure dès qu'on veut lui faire réintégrer sa chambre. Celle-ci est décorée très joliment sur toute la hauteur d'une fresque de bébés animaux sauvages. Il y a de gros éléphants, des singes et un tigre. Est-ce bien raisonnable de laisser un enfant de 2 ans dormir tout seul dans la savane africaine ?
Franck sait bien que non.

Y-a-t-il des lits superposés dans la chambre de vos enfants ?

✳ Ce n'est pas une bonne solution. L'enfant qui dort en dessous se retrouve sous un plafond très bas. Celui qui est installé au-dessus ressent la fragilité de sa position : il peut tomber de haut pendant son sommeil.

Si, pour des raisons de gain de place, vous devez avoir des doubles-lits, adoptez les lits tiroirs qui seront préférables aux lits superposés.

Avez-vous installé une étagère au dessus du bureau de votre enfant ?

✳ Il n'est pas recommandé de mettre des étagères ou meubles au-

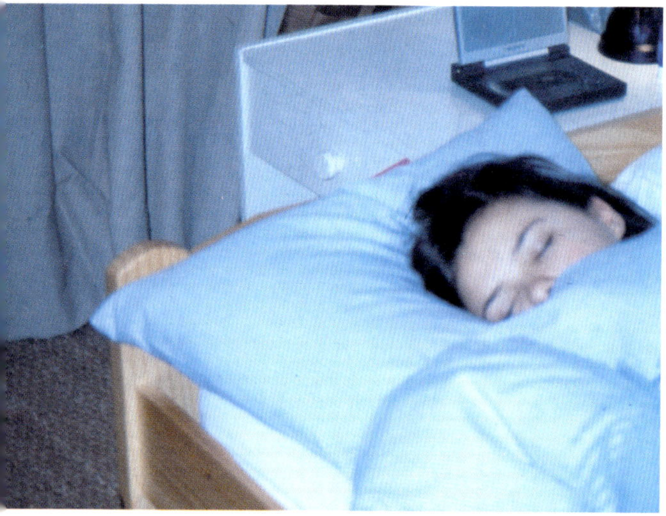

De lourds rideaux *aux fenêtres protègent la tête de votre enfant s'il dort dans cette direction.*

dessus d'un bureau. Cela représente la poutre qui obstrue le passage des bonnes énergies.

Pensez à ne rien accrocher sur le mur au-dessus du bureau de votre enfant pour l'effet *ming tang*.

Avez-vous mis un cristal de roche sur son bureau ?

✳ Bravo. Le cristal de roche aide à se concentrer, ce qui est bénéfique pour les études.

Très attirés par les pierres, les enfants sont en général très contents de les choisir eux-mêmes.

Caroline, 11 ans n'arrive pas à travailler à son bureau. Elle sort de sa chambre et sème ses affaires de classe dans toute la maison de la cuisine au salon. Devant sa table de travail, un immense tableau en liège accueille ses chanteurs favoris, son emploi du temps et tout un bric-à-brac de photos, dessins, et bracelets divers accrochés par des épingles. On déplace le grand tableau de deux mètres pour libérer l'espace sur le mur et comme par hasard, Caroline range son bureau et accepte d'y faire ses devoirs sans se plaindre.

Votre fils a-t-il mis des posters sur tous les murs de sa chambre ?

✳ Les ados adorent couvrir d'affiches les murs de leur chambre. Cependant, il est nécessaire qu'une partie de la chambre soit consacrée aux études. D'autre part, certains posters sont très dérangeants avec des scènes "gore", des vampires.

Négociez de conserver libre, le mur au-dessus de leur bureau. Expliquez à vos enfants qu'on travaille bien mieux en ne mélangeant pas les genres. En général, ils comprennent très bien ce genre d'arguments, étant beaucoup plus conscients que les adultes de l'impact de l'environnement.

Le bureau de votre fille aînée est-il envahi par les magazines, les vernis à ongles et autres colifichets ?

✳ Console de jeux ou bandes dessinées côtoient joyeusement les livres de classes et les classeurs, ce mélange d'énergies différentes ne joue jamais en faveur des études.

Ne laissez pas vos enfants mêler études et distractions. Aménagez dans la salle de bains, des étagères pour leurs produits de beauté. Expliquez-leur qu'il n'est pas bon de mélanger les énergies.

La chambre de Clémentine était entièrement tapissée de publicités découpées dans les journaux de mode. Quand elle allait en classe, elle dépensait beaucoup d'énergie pour trouver la tenue qui serait un peu originale et qui la mettrait en valeur. A la fin de l'année, la sanction tombe : Clémentine doit redoubler. A la rentrée, elle se décide à enlever tous ses collages. Les résultats sont immédiats. Elle se met à travailler beaucoup plus sérieusement.

Un de vos enfants a-t-il couvert l'extérieur de sa porte de chambre d'une quantité de dessins ? Laisse-t-il traîner ses jouets ou ses vêtements en dehors de sa chambre ?

✳ Chacun possède un domaine qui commence derrière la porte d'entrée. Une fois celle-ci franchie, la chambre appartient à ceux qui l'habitent.

Faites-vous respecter en ne laissant pas vos enfants vous envahir. Et respectez-les en leur laissant beaucoup d'initiatives dans la décoration de leur chambre. Donnez-leur des bons conseils en Feng Shui. Ecoutez-les, même s'ils transgressent ces règles. Expliquez-leur la meilleure façon d'agir et ensuite laissez-les faire à leur guise.

■ *Laetitia a reçu de l'amie de sa mère un grand placard avec deux grandes glaces qu'elle ne veut pas recouvrir. C'est tellement agréable de pouvoir se regarder en pied. Cependant, depuis que ce placard est dans sa chambre, elle ne dort plus aussi bien qu'avant et se sent nerveuse. Elle recouvre les glaces de grands posters de paysages et dès la nuit suivante, retrouve son sommeil.*

Un de vos enfants fait-il collection de pierrots ou de marionnettes ? Ou bien a-t-il des poupées genre mendiants, sorcières habillées de loques ?

✳ Une collection de pierrots qui pleurent ou des sorcières en guenilles symbolisent la pauvreté et le manque d'argent, des énergies très *yin*. Il faut ranger les marionnettes quand vous ne les utilisez pas. Ne les laissez pas suspendues comme des pendus au bout de leur fil dans un coin de la chambre de votre enfant.

Donnez à vos enfants des poupées souriantes et des peluches hilares tant qu'ils les acceptent. Dans quelque temps, ils choisiront peut-être des guerriers et des monstres repoussants.

Votre fils de 6 ans a-t-il des robots grimaçants, des pistolets de cow-boy, des sabres et des épées partout dans sa chambre ?

✳ On accuse la télévision de contribuer à la violence avec son lot de dessins animés très agressifs. Mais la "guerre des boutons" a été écrite quand il n'y avait pas encore de télévision. Les garçons ont besoin de canaliser leur agressivité sur des jouets de combat et de guerre.

Demandez à vos enfants de ranger tous leurs robots et autres horreurs pour dormir. Ce sont des objets trop *yang*, trop violents pour l'atmosphère un peu *yin* nécessaire à un sommeil réparateur.

■ *La mère de Frédéric, 4 ans n'achète jamais aucun jouet violent à son fils, jusqu'au jour où elle le surprend en train de découper la forme d'un pistolet dans son toast du petit déjeuner. Maintenant, il a les mêmes panoplies que ses copains, mais le soir, tout doit disparaître dans le coffre à jouets.*

Avez-vous placé le bureau de votre lycéen dans une bonne direction en fonction de son trigramme personnel ?

✳ Il est très important que le bureau de votre enfant soit placé de manière à ce qu'il soit assis en face d'une de ses bonnes directions et certainement pas de sa

Le fu wei, la quatrième des bonnes directions, favorise les études.

Pour le trigramme personnel **1**	***Le fu wei***	c'est **le nord**
Pour le trigramme personnel **2**		c'est **le sud-ouest**
Pour le trigramme personnel **3**		c'est **l'est**
Pour le trigramme personnel **4**		c'est **le sud-est**
Pour le trigramme personnel **6**		c'est **le nord-ouest**
Pour le trigramme personnel **7**		c'est **l'ouest**
Pour le trigramme personnel **8**		c'est **le nord-est**
Pour le trigramme personnel **9**		c'est **le sud**

Si la disposition de la chambre le permet, essayez de le placer en face de sa quatrième bonne direction, celle que l'on appelle *fu wei*. C'est la direction des études.

Les studios

Habitez-vous un studio ou une pièce ?

✳ Il n'est pas très facile d'habiter une seule pièce sans avoir toutes les fonctions qui cohabitent. Pourtant pour que des énergies différentes se mélangent le moins possible, il faudra que vous soyez encore plus attentif à séparer la cuisine de votre lit et de votre coin bureau.

La meilleure façon de procéder est de prendre exemple sur les Japonais qui vivent dans des logements exigus. Tout est rangé dans des placards. On sort le futon pour dormir. Le matin on le range dans le placard et on sort la table pour déjeuner et ainsi de suite. Tout au long de la journée, la pièce change de fonction. Si vous préférez vivre à l'occidentale, jouez avec les paravents, cloisonnez votre cuisine par des stores, des fermetures coulissantes, ou un rideau de perles.

Avez-vous adopté un nouveau bloc tout-en un : table de cuisson-lave vaisselle et four pour le gain de place ?

✳ Même si c'est pratique, le mélange feu et eau n'est pas recommandé en Feng Shui. L'eau éteint le feu symbole du foyer.

Restez sagement partisan de la plaque isolée avec placard dessous.

Les fenêtres de votre studio donnent-t-elles sur une vue très dégagée ?

✳ Une belle vue dégagée peut compenser dans une large mesure un logement exigu. La lumière pénètre dans la pièce et avec elle les énergies bénéfiques d'un bon *qi*.

Si vous avez la possibilité de choisir entre un petit studio avec une belle vue sur le ciel et un autre plus grand, mais donnant sur une cour sombre, choisissez sans hésiter le premier.

Une cuisine conviviale *est fédératrice de bonnes énergies propices à des repas équilibrants.*

La cuisine

La cuisine développe une énergie qui lui est propre. C'est une pièce qui contient à la fois les éléments du feu et de l'eau. Elle est très importante pour la bonne entente de la famille, car elle sert à la préparation et à la cuisson des aliments qui vont donner de l'énergie. Si la cuisine a de bonnes vibrations, les aliments que nous absorberons nous apporteront des forces. Nous bénéficierons à travers eux de ces bonnes énergies. Cependant, parce que l'eau s'écoule dans une cuisine, elle entre dans la catégorie des "pièces dites humides". Cela veut dire qu'on ne doit pas la placer dans un des secteurs qui représentent des aspirations importantes pour nous (voir page 25). Car l'eau en s'écoulant emporte les énergies représentées par ce secteur.

■ *En Chine, les médecins vous recommanderont de vous soigner par l'alimentation pour contrebalancer les troubles que vous ressentez. On cherche à éviter la maladie avant qu'elle ne s'installe en veillant à l'équilibre des cinq éléments dans le corps et ceci passe par les plantes, mais aussi par une nutrition adéquate où les saveurs acide, amère, piquante, sucrée et salée correspondent aux différentes saisons. Cette façon moderne d'aborder les soins médicaux par la prévention, les Chinois l'ont pratiquée pendant plus de trois mille ans. Ils payaient leur médecin une fois par an, avant le nouvel an chinois, s'ils n'avaient pas été malades de toute l'année.*

Votre cuisine est-elle placée dans la partie arrière de la maison, près de la porte de service ?

✳ Si oui, elle est bien placée. En effet, elle est idéalement située loin de la porte d'entrée et près de la porte arrière ou celle qui donne dans le garage. En effet, les énergies si fortes du feu ne doivent pas se trouver trop près du séjour qu'elles risquent d'envahir mais assez proches de la salle à manger.

Si vous le pouvez, placez votre cuisine près du mur du fond de votre maison. Sinon, il vaut mieux fermer la porte continuellement.

Avez-vous installé une cuisine américaine ?

✳ Si vous avez une cuisine américaine, surtout si celle-ci est placée à l'entrée, les énergies de la cuisine envahissent votre appartement. Vous vous retrouvez souvent dans la cuisine avec une petite faim, car elle offre de trop grandes tentations. Les Américains qui ont introduit ce style de cuisine, ont d'ailleurs tendance à multiplier les snacks à tout moment de la journée.

La cuisine américaine est déjà aménagée et il est impossible de construire des murs qui la sépareraient du reste de l'appartement. Mais, vous pouvez toujours installer des stores, des plantes pour en délimiter un peu plus la frontière. La cuisine ne doit jamais envahir le séjour qui finirait par devenir l'annexe de la cuisine.

■ *Monique avait un joli petit appartement. La cuisine était petite et, comme elle recevait beaucoup d'amis, elle décida de l'agrandir. Elle convertit le petit salon en cuisine, mit du carrelage dans le couloir et le dégagement. La cuisine avait tout envahi. Et, peu à peu, les amis disparurent. Elle perdait son énergie et se sentait toujours fatiguée. Elle réaménagea dans cette cuisine un grand espace salle-à-manger avec des tableaux aux murs, un grand tapis et une table ronde recouverte d'une nappe . L'appartement se mit à revivre et sa propriétaire avec.*

La salle de bains ou les toilettes sont-elles situées juste au-dessus du foyer ?

✳ Cette disposition est négative. Il ne doit pas y avoir d'eau au-dessus du feu. L'énergie bénéfique du foyer serait anéantie par l'eau, surtout si elle est sale. La nourriture en serait souillée.

Essayez à tout prix de changer un des deux éléments de place. Une solution de remplacement sera de mettre un spot multi-directionnel au plafond pour rehausser les énergies négatives qui se trouvent à l'étage supérieur.

Votre évier est-il situé loin du four ou de la cuisinière ?

✳ Si oui, c'est très bien. En effet, il ne faut jamais que le feu de la cuisinière soit directement à côté de l'eau de votre évier. Encore moins en face l'un de l'autre. Cela crée un climat conflictuel entre les éléments du feu et de l'eau qui peut rejaillir sur toute la famille. Le réfrigérateur, les machines à laver sont déconseillés également, mais dans une moindre

Transformées par *un éclairage lumineux porteur d'énergies yang très positives, les vieilles cuisines renaissent.*

mesure, car l'eau est cachée, au contraire de l'évier où l'eau coule à l'air libre.

La bonne solution est de les éloigner, l'un de l'autre, et d'éviter le face à face qui est le plus dangereux. Si vraiment vous ne pouvez pas faire de changement, placez du bois entre les deux éléments qui se trouvent côte à côte, afin d'entrer dans un cycle de construction.

Avez-vous le dos à la porte quand vous cuisinez ?

✳ Vous ne devez pas vous trouver dans une position de faiblesse quand vous cuisinez. Si vous tournez le dos à la porte, vous ne pourrez pas voir qui entre dans la cuisine et cela risque de vous surprendre. La personne qui cuisine doit avoir vue sur la porte pour se sentir vraiment bien .

Installez-vous dans un coin de la cuisine qui vous permettra de voir qui entre. Comme on peut se déplacer et ne pas toujours penser à ne pas tourner le dos à la porte, accrochez un carillon ou une petite clochette à l'entrée de la pièce. Vous l'entendrez sonner chaque fois que la porte bougera. N'utilisez pas de miroir dans votre cuisine qui pourrait refléter la cuisinière. Cela risquerait de provoquer un incendie en doublant l'énergie du feu.

Envisagez-vous de créer un îlot au milieu de la cuisine où vous inclurez les plaques chauffantes ?

✳ Ce n'est pas du tout une bonne chose de mettre le feu au milieu de la cuisine. N'oubliez pas que chaque pièce doit avoir, dans la mesure du possible une place libre, le fameux *ming tang*. Le centre donne un peu l'atmosphère générale de la pièce. Si vous y mettez le feu, cela signifiera danger et pourra apporter beaucoup de tensions au sein de la famille

Evitez de créer un îlot avec des plaques chauffantes, et si cela est déjà fait, essayez de déplacer les plaques chauffantes le long des murs.

Y a-t-il des étagères, ou un mur qui créent des pointes dirigées vers

l'endroit où se trouve la table où vous prenez votre petit déjeuner ?
✳ Le matin, vous êtes vulnérable et, pour bien démarrer la journée, il est préférable qu'une pointe, une flèche secrète, ne soit pas dirigée vers vous quand vous prenez votre petit déjeuner.

Changez de place. Dissimulez les angles des murs qui vous menacent par une plante verte et évitez les étagères ouvertes dans votre cuisine. Recouvrez-les de vitres ou fermez-les

Avez-vous rangé hors de la vue tous les couteaux qui étaient accrochés sur une planche de bois ? N'avez-vous laissé suspendus que l'ail et quelques herbes aromatiques ?
✳ Bravo ! c'est exactement ce qu'il faut faire. Il n'est jamais bénéfique d'exposer les lames nues. Et l'accumulation d'objets suspendus symbolise les soucis qui pèsent lourdement sur votre tête et apporte des énergies difficiles.

Rangez vos couteaux dans les tiroirs et ne cédez pas à l'envie de décorer votre cuisine de paniers accrochés au plafond.

Avez-vous une étagère spéciale dans la cuisine pour y mettre vos médicaments ?
✳ Il ne faut pas mélanger les énergies qui n'ont rien à voir entre elles : les prescriptions et médicaments mêlés à la nourriture sur les étagères des cuisines, ou pire sur la table du petit déjeuner.

Rangez vos médicaments dans une boîte à pharmacie ou une boîte à tiroirs qui sera dans la salle-de-bains ou dans un placard bien fermé à l'abri des regards. Il est tout à fait possible en revanche de conserver dans votre cuisine les vitamines et suppléments minéraux qui vous aident à garder une bonne santé.

■ *Nadège est anorexique. Sa cuisine a les volets fermés. On y trouve des médicaments, jusque sur la plaque chauffante qu'elle n'utilise pas. Seule la machine à café fonctionne. Elle se décide à ranger toute sa pharmacie dans une armoire qu'elle installe dans la salle de bains ; elle ouvre la fenêtre de sa cuisine. Depuis elle va mieux. Elle n'a pas remis ses médicaments dans sa cuisine Et pendant les vacances, elle a rencontré un ami.*

Où avez-vous mis vos balais ? Bien cachés dans le placard à balais ?
✳ C'est la solution la plus sage. Il ne faut jamais que les balais soient visibles, ni dans la cuisine, ni dans une autre pièce de la maison, ni à l'extérieur. Cela empêche les amis et la famille de venir dans l'habitation.

Cachez bien vos balais hors de la vue. Et quand vous partez en voyage, placez un balai contre la porte d'entrée. On dit que cela dissuade les voleurs.

Peinte en blanc, *la salle de bains est tout à fait en accord avec l'énergie de l'eau.*

La salle de bains et les toilettes

Elles font également partie de la catégorie des pièces dites humides. C'est par la salle de bains et les toilettes que l'eau s'écoule hors de la maison emportant les énergies qui s'y trouvent. Ces pièces sont donc très *yin*. Il est bon qu'elles ne soient pas trop grandes, ni trop nombreuses, car là où ces pièces se trouvent, les énergies s'en vont.

Votre salle de bains ou vos toilettes donnent-elles sur l'entrée ?

✳ Ce n'est pas un bon emplacement. Les énergies qui entrent doivent être assez fortes pour aller jusqu'au bout de votre habitation. Si elles rencontrent dès l'entrée des énergies *yin*, elles s'affaibliront inutilement.

Si la porte de vos toilettes ou de votre salle de bains n'est pas en face de la porte d'entrée, ni d'un escalier, ni de la porte de la cuisine, vous pouvez recouvrir la porte d'un miroir qui reflétera les énergies et les empêchera d'entrer. Mais si vous choisissez de poser un miroir rond d'environ 30 centimètres que vous collerez sur la porte, l'effet sera très bon également.

Votre salle de bains est-elle peinte en blanc avec du bleu, du vert, du turquoise, bref des couleurs qui évoquent l'eau ?

✳ Ce sont des couleurs qui sont en accord avec l'élément eau. Si vous choisissez de peindre votre salle de bains dans des tonalités de rouge ou de jaune, vous entrez dans le cycle destructif des éléments (voir page 16).

Vous avez choisi le blanc avec du

bleu ou du turquoise ? Gardez ces tons, aquatiques, ils sont parfaits.

Oubliez-vous de rabattre la lunette et le couvercle des toilettes ? Votre porte de salle-de-bains reste-t-elle toujours ouverte?

✳ Chaque fois que vous tirez la chasse d'eau, vous faites s'écouler l'eau en dehors de votre maison et elle emporte avec elle, les énergies de l'endroit où elle se trouve. Ce n'est pas une question d'esthétique mais d'énergétique. Quand vous fermez l'abattant, l'eau disparaît à la vue, et elle n'a plus la même force pour entraîner les énergies. De même, la porte de la salle de bains, quand elle est fermée, protège le reste de l'appartement des énergies *yin* qui se répandent si elle reste ouverte.

Expliquez à tous les membres de votre famille pourquoi il est nécessaire qu'ils ne laissent pas l'abattant et le couvercle remonté. En général, ils comprennent très bien. Si la porte de la salle de bains reste ouverte, installez un ressort qui referme la porte tout seul.
Et si le chat y a son bac, installez une chatière dans la porte.

Afin de les rendre plus gais, avez-vous décoré vos toilettes ou bien y avez-vous mis des objets de Feng Shui ?

✳ Les toilettes doivent être complètement dénuées de toutes décorations, tableaux, etc. Surtout ne jamais y mettre d'objets de Feng Shui. Tout ce qui s'y trouve devient négatif.

Peignez vos murs en couleurs neutres et ne décorez pas vos toilettes, elles doivent rester le plus simple possible.

■ *On raconte qu'une des pires choses à faire est de mettre une grenouille dans ses toilettes. Il paraît que la gentille rainette apportera de gros ennuis si vous la placez là.*

Votre salle de bains est-elle de belle taille ?

✳ Les salle de bains, les salles de douche, les toilettes servent à se laver, nous y éliminons nos déchets. Ces pièces, nécessaires à notre bien-être, apporteront toujours des difficultés dans l'endroit où elles se trouveront. C'est pourquoi, il est recommandé de les garder de taille modeste, et de choisir avec soin l'endroit où les placer, si vous avez la chance de faire construire votre propre maison. Si vous êtes un jeune couple, évitez de les placer dans l'ouest qui représente les enfants. Si vous êtes artiste, le sud qui représente la célébrité ne sera pas un bon endroit.

Contrairement à la tendance qui est de créer une salle de bains par chambre, cherchez à en restreindre le nombre et à garder à ces pièces des proportions raisonnables. Moins confortable, mais plus énergisant.

Avez-vous hérité d'une salle de bains des années 80 intégrée dans votre chambre ?

✳ Dans ces années, la mode poussait les décorateurs à intégrer la salle de bains dans la chambre. Heureusement, les gens s'en sont lassés. C'est un tabou absolu. On ne met pas d'eau dans une chambre, jamais ! Et encore moins une salle de bains.

Si vous possédez encore une chambre avec salle-de-bains ou cabinet de toilette intégrés, créez la séparation avec des rideaux, des paravents, des panneaux coulissants à la japonaise. Mais ne gardez pas cette combinaison qui n'est pas bénéfique.

MIEUX VENDRE ET BIEN ACHETER SON HABITATION

Pour bien vendre sa maison, dans de bonnes conditions, il faut faire comme si vous vouliez y rester jusqu'à la fin de vos jours et la traiter en conséquence. Non seulement elle se vendra mieux, mais votre prochain logement aura de meilleures énergies.

Seul bémol : Une femme enceinte ne doit pas déménager, ni même changer son lit de place. On dit même que l'on ne doit pas balayer la poussière dessous.

Votre maison est-elle bien entretenue ? Avez-vous fait les travaux nécessaires au fur et à mesure ?

✳ Si vous voulez vendre votre logis le mieux et le plus vite possible, il faut lui apporter des énergies positives afin qu'il puisse vous aider dans vos projets.

Cela implique de remplacer toutes les ampoules qui ont claqué, de repeindre les pièces trop défraîchies, de dissimuler les craquelures sur les murs, de réparer les dégâts des eaux. Si vous avez un robinet d'eau qui fuit, réparez-le en premier, car l'eau qui s'écoule hors de la maison emporte avec elle les énergies positives.

La maison que vous voulez vendre est-elle habitée? Vivez-vous encore dedans ?

✳ Si oui, tant mieux. Vos énergies apportent du *yang* dans votre maison tant que vous vivez dedans. Seul exception à la règle, il vaut mieux que la maison soit vide, si ses occupants vivent dans le fouillis.

Essayez de vendre votre maison quand vous y habitez encore pour lui conserver une atmosphère yang.

Avez-vous décidé d'apporter à votre maison le plus d'énergie yang possible sans tomber dans l'exagération ?

✳Vous avez compris l'importance de faire vivre votre habitation. Si elle a beaucoup d'énergies positives, elle vous rechargera pendant votre sommeil et vous aidera à mieux la vendre.

Ecoutez de la musique, allumez toutes vos lampes le soir, offrez-vous un joli coussin de couleur vive. Achetez un bouquet de fleurs fraîches que vous mettrez dans le sud-est de votre salon, qui symbolise la prospérité. Mais si c'est impossible, ne vous inquiétez pas, un bouquet apporte de bonnes énergies partout où vous le mettrez, à condition de le changer dès qu'il se fane.

Afin de faire circuler les énergies dans chaque pièce, avez-vous rangé, jeté, déblayé, trié vos affaires ?

✳ Bien que ranger ses affaires ne soit pas à proprement parler du Feng Shui, on ne peut pas pratiquer cet art dans une maison complètement encombrée. Elle devient *yin*, les énergies bénéfiques sont bloquées et l'on éprouve beaucoup plus de difficultés pour vendre.

Rangez votre bureau, mettez de l'ordre dans vos armoires et vous serez bientôt étonné de l'apparence différente de votre habitation. De plus, vous vous sentirez optimiste et en accord avec vous-même. A tel point, qu'il est recommandé aux personnes un peu déprimées de se livrer à un peu de rangement pour se sentir mieux.

■ *Jean-Pierre vit tout seul dans une petite maison avec grenier, sous-sol et grand garage. Ce dernier est tellement encombré que Jean-Pierre ne peut plus y garer sa voiture. Dans le sous-sol et le grenier, s'accumulent toutes sortes d'objets inutiles ou cassés qu'il place dans des boites soigneusement étiquetées et classées. Jean-Pierre ne peut rien jeter. Il veut vendre sa maison pour s'installer dans un appartement plus près de son lieu de travail. Mais il n'arrive pas à trouver d'acquéreur on dirait que tout est bloqué. Avant tout réaménagement, Jean-Pierre sait qu'il doit se débarrasser de tout ce qui l'encombre. Il y parvient vaillamment. Et au bout de la troisième vague de tri, il reçoit une offre très intéressante. Il déménage et redémarre une nouvelle vie bien plus facile. Tout ceci ne l'attendait-il pas depuis longtemps, bloqué par les énergies stagnantes de ses pièces encombrées ?*

Avez-vous la chance de posséder un jardin autour de votre maison que vous entretenez soigneusement?

✳ C'est une grande aide pour faciliter la vente de votre maison. Il suffit parfois d'une pergola, d'un rosier grimpant en fleurs pour faire vendre.

C'est vraiment le moment de remplacer les arbustes qui sont morts cet hiver. Entretenez bien votre jardin, tondez la pelouse et ajoutez des fleurs partout où vous le pouvez.

Que se passe-t-il dans le garage ? Y avez-vous entreposé tous les jouets cassés

des enfants ainsi que le vieux canapé ? La cour derrière votre maison et ses côtés sont-ils dégagés ?

✳ Tout doit être libre et pimpant. La cour ne doit pas être un endroit triste et sombre. N'oubliez pas que vous avez besoin d'un maximum d'énergie yang, c'est celle-ci qui fait vendre.

Nettoyez et pensez à mettre des fleurs.

La clôture qui entoure la maison est-elle abîmée ?

✳ Cela fait partie des détails qui changent tout lors de la vente.

Demandez à vos ados qui cherchent toujours à se faire de l'argent de poche, s'ils veulent bien la réparer et la repeindre.

Le nord-ouest de votre maison est-il encombré ? Vérifiez aussi le nord-ouest de votre salon : avez-vous des objets encombrants qui font désordre dans ce secteur ?

✳ C'est le secteur des gens qui aident, mais aussi des voyages et du mouvement. Dans votre cas, cet endroit représente l'agent immobilier, le banquier qui aidera vos acquéreurs à obtenir un prêt, les amis qui parleront de votre maison à vendre.

Attention à garder ce secteur bien dégagé. Surtout n'y entreposez rien d'encombrant ou de lourd comme des grosses piles de journaux, des malles ou de trop grandes plantes. Souvenez-vous que l'élément du secteur nord-ouest est le métal. Le métal coupe le bois. Si celui-ci s'affaiblit à attaquer le bois, il ne sera pas fort pour vous protéger. Ne jamais mettre de cheminée dans le nord-ouest, le feu étant son ennemi : il fait fondre le métal.

Avez-vous des rideaux rayés à vos fenêtres ?

✳ Les rideaux rayés font comme des barreaux aux fenêtres et vous empêchent de sortir.

Décrochez vos rideaux rayés si vous souhaitez vendre rapidement votre maison. Vous les installerez dans votre nouvelle demeure si vous rêvez de ne plus déménager.

Vous avez finalement vendu votre maison. En partant, avez-vous claqué la porte sans vous retourner, trop content d'en être enfin débarrassé ?

✳ La maison mal aimée vous laissera un souvenir amer et chargé d'énergies négatives. Les acheteurs ressentiront ce désamour et auront d'avantage de mal à redresser l'équilibre de l'habitation.

En partant, avant de déménager les meubles, prenez des photos des différentes pièces de votre maison, surtout si vous avez des enfants, afin de vous souvenir des bons moments. C'est une partie de votre vie que vous avez passé dans cet endroit. Laissez des ampoules dans toutes les pièces quand les lustres, spots et appliques auront été enlevés. Nettoyez la maison et arrosez le jardin comme si vous partiez en vacances. Les nouveaux occupants auront l'impression d'une maison plus chargée d'énergies et la passation de clefs se fera beaucoup plus facilement.

■ *Laurence s'est installée à Niort pour suivre son entreprise. Quelle n'a pas été sa surprise de trouver dans son nouvel appartement un livre sur la ville de Niort laissé à son attention par les précédents propriétaires. L'impression que de bienfaisants influx circulaient dans son appartement s'en est trouvée renforcée.*

COMMENT CHOISIR UNE MAISON EN ACCORD AVEC LES PRINCIPES DU FENG SHUI ?

Préférez toujours *une vue bien dégagée pour votre maison ou votre appartement.*

Le questionnaire qui suit traite succinctement des qualités essentielles pour la maison ou l'appartement que vous cherchez. Gardez ces principes en mémoire quand vous commencerez vos recherches. Si vous avez trouvé une habitation qui rassemble tous ces atouts, il y a de grandes chances qu'elle ait un bon Feng Shui.

Connaissez-vous la direction qui fait face à la porte d'entrée de la maison qui vous plaît tant ? Savez-vous quel est votre trigramme personnel et celui de votre conjoint ?

✳ Il est très important que les énergies qui entrent dans votre maison ne soient pas situées dans une de vos directions difficiles, ou encore pire dans votre *jue ming* qui est la plus mauvaise. Il est par contre extrêmement favorable d'avoir sa porte qui regarde vers votre *sheng qi* qui est votre meilleure direction. Quand vous êtes plusieurs dans la maison, on tient compte de la direction personnelle de celui qui pourvoit aux ressources de la famille. Cependant, on cherchera toujours à ne pas choisir une direction qui serait le *Jue ming* de son conjoint.

Recherchez le trigramme personnel des membres de votre famille. Vous avez page 21 toutes les explications sur la façon de le rechercher. Soyez attentif à bien repérer par où entrent les énergies de la maison de vos rêves. Quelquefois, la porte d'entrée laisse pénétrer moins d'énergies que la façade dont les portes fenêtres s'ouvrent sur un grand espace.

Les maisons qui vous entourent sont-elles pimpantes ? Les parties communes de l'immeuble de l'appartement de vos rêves sont-elles bien entretenues ?

✳ C'est le signe que les habitants aux alentours sont dans une énergie positive qui apporte la prospérité. Les maisons mal entretenues, les cages d'escaliers délabrées sont signe de déséquilibre et de pauvreté.

Tenez compte de votre entourage. Il pèsera dans la balance de votre équilibre personnel et s'il est négatif, il vous faudra beaucoup d'énergie pour le contrer.

Les jardins des voisins sont-ils verdoyants ? Les fenêtres de votre immeuble sont-elles fleuries ?

✳ Dans l'ancien temps, les maîtres de Feng Shui choisissaient le lieu de construction d'une maison en fonction de la végétation qui devait être saine et luxuriante.

De nos jours, on peut transposer ce principe en choisissant quand on le peut, une habitation près d'un jardin ou d'un coin de verdure bien entretenu. Même la vue d'un bel arbre de la fenêtre de son appartement apportera l'énergie montante du bois.

Y a-t-il une vue dégagée devant la façade de la maison ?

✳ Il est très important d'avoir un espace clair et dégagé devant la façade de son habitation, ce que l'on appelle le *ming tang*. Si la vue est belle de surcroît, si elle donne sur un jardin ou sur les toits de la ville, vous bénéficierez d'un excellent Feng Shui.

Donnez l'avantage à une vue dégagée plutôt qu'à une surface plus étendue. Très vite, vous en ressentirez les bienfaits.

Votre maison est-elle située dans une rue tranquille ?

✳ Vous savez qu'il faut éviter les endroits proches des autoroutes ou des voies rapides. Mais savez-vous que certaines avenues sont tellement encombrées par le trafic automobile que cela rend impossible d'ouvrir les fenêtres à cause du bruit épouvantable et des émanations d'oxyde de carbone. De telles rues peuvent être comparées à des rivières trop rapides.
Elles charrient un mauvais *qi*…

Fuyez les rues trop engorgées, les avenues trop encombrées par le trafic automobile et recherchez des rues calmes et tranquilles qui vous permettront d'ouvrir vos fenêtres et de laisser le *sheng qi*, l'énergie bénéfique, pénétrer dans votre maison.

Le plan est-il régulier ? Les pièces sont-elles bien carrées ou rectangulaires ?

✳ Tous les secteurs qui représentent les aspirations de l'homme sont là. Les énergies circuleront dans votre habitation d'une façon plus équilibrée.

Carré ou rectangulaire, voici un excellent plan pour votre prochain logement.

Votre appartement est-il lumineux ? Avez-vous du soleil dans votre séjour ?

✳ Il est important d'avoir beaucoup de lumière naturelle. Elle apporte les énergies yang dont nous avons tant besoin, surtout dans nos pays aux hivers si longs.

Vue dégagée, lumière, bon plan et pièces régulières, qu'attendez-vous pour prendre cette maison ou cet appartement ?

LE QUESTIONNAIRE DES **BOUTIQUES**

Le mot boutique est pris au sens large : commerce, magasin, galerie, institut, restaurant, etc. Une boutique en accord avec les principes du Feng Shui, c'est une boutique qui donne envie. Envie d'entrer quand on regarde la vitrine. Envie d'acheter quand on est hésitant. Envie de revenir tant on se sent en harmonie avec le lieu.

S'ouvrir aux énergies
Dans la rue commerçante d'une charmante petite ville et sur le bon côté de la rue, toutes les boutiques sont prospères. Les gens viennent des alentours faire leurs courses, et le samedi, on ne trouve plus une seule place pour se garer. Pourtant, un commerce, et un seul ne marche pas. C'est le magasin de produits biologiques. Aussi soigné que les autres, il est malheureusement affligé d'une entrée peu engageante. Une fois la porte poussée, on tombe sur un mur et l'entrée du magasin se trouve sur le côté. Il faut donc contourner ce sas pour pénétrer enfin dans la boutique. Totalement bloquées, les énergies freinent l'entrée des clients.

C'est pour cette raison que l'on peut parfois trouver deux magasins vendant les mêmes genres de produits, dans la même rue passante, l'un toujours noir de monde, et l'autre continuellement désert.

Ce nouveau concept *de magasin réunit toutes sortes d'objets pour le plaisir de la maison. Au centre un large espace librairie très accueillant permet une bonne circulation des énergies.*

L'ENVIRONNEMENT DE LA BOUTIQUE

L'énergie du quartier où se trouve votre commerce est-elle assez yang, avec beaucoup de passage et d'animation ?

✳ La célèbre boutade qui dit que les trois principaux critères de choix d'une boutique sont "l'emplacement, l'emplacement et l'emplacement", est parfaitement juste. En effet, contrairement aux habitations qui doivent bénéficier d'un peu de calme, il est nécessaire qu'une boutique soit située dans une rue animée : importante circulation de voitures, flot de gens à toute heure et enseignes de néon clignotantes sont autant de points positifs.

Si c'est votre cas, félicitations, vous avez bien choisi votre emplacement.

Votre boutique se trouve-t-elle dans une rue déserte, loin d'autres pôles d'attraction ?

✳ Elle aura peu de chances d'attirer les clients. Si votre choix n'est pas encore fait, préférez toujours une petite boutique bien située à une autre plus grande dans un quartier moins commerçant.

Pour pallier l'inconvénient d'un environnement trop *yin*, un commerce installé dans un quartier excentré devra particulièrement soigner l'éclairage extérieur, choisir des couleurs vives pour attirer l'œil et diffuser de la musique.

Votre boutique est-elle située près d'un grand pont, d'un métro aérien, d'un échangeur ou d'un toboggan ?

✳ C'est un emplacement où les énergies des véhicules qui circulent sont comparables à celles d'un torrent impétueux : elles dévalent la pente et disparaissent sans cesse. De plus, les boutiques sont souvent dissimulées par les arches des constructions, quand elles ne sont pas directement attaquées par l'arrondi du toboggan qui se dirige sur elles comme un boomerang. Seules les grosses entreprises peuvent résister à de telles flèches secrètes.

Si vous souffrez de ce type d'environnement ou si ce genre d'ouvrage vient de se construire devant votre boutique, vous pouvez provisoirement essayer de contrer sa puissance en choisissant, pour le bandeau supérieur de votre façade, des matériaux qui refléteront l'arche ou le pont incriminés, mais si votre magasin est de petite taille, il aura peu de chance d'être prospère.

Avec leurs trottoirs très larges, les magasins des Champs Elysées à Paris disposent d'un beau ming tang.

Etes-vous situé en face d'une rue qui se dirige droit vers votre boutique ? Y a-t-il un espace libre entre les deux immeubles qui vous font face ?

✳Vous avez devant votre boutique une sorte de couloir qui laisse les énergies s'engouffrer et se diriger droit sur vous. Ce sont des flèches secrètes qui dégagent un *sha qi* désastreux pour votre prospérité. Cette situation s'accentue encore si la rue devant vous descend tout droit sur votre porte d'entrée.

Une situation à proscrire absolument. Si vous le pouvez, et si la boutique est assez grande, déplacez l'entrée pour ne plus la laisser directement face à rue qui fonce sur vous.
Si le trottoir est assez large et que vous obtenez l'autorisation de la municipalité, installez quelques grands bacs d'arbustes ou de petits arbres sur le trottoir qui dissimuleront la rue, sans boucher votre porte. Si la rue est étroite, disposez des plantes de chaque côté de la porte, et faites poser un très bon éclairage dans le bandeau au-dessus de la façade afin de ralentir les énergies difficiles qui vous assaillent.

La boutique se trouve-t-elle à un angle de rue ?

✳Voilà une excellente situation pour une banque ou une très grande boutique. Une banque s'abrite en partie derrière des vitrines aveugles et une très grande boutique possède généralement une partie en profondeur qui n'est pas visible de l'extérieur.
Il n'est pas bon qu'une boutique ait trop de vitrines si elle est petite, car il y aurait déséquilibre entre les murs pleins et les ouvertures. Les énergies entreraient et ressortiraient aussitôt sans que rien ne les retienne à l'intérieur.

La solution est de mettre des panneaux derrière la vitrine qui protègent l'intérieur du coup d'œil extérieur.
Si vous voulez ne soustraire qu'une seule vitrine aux regards, choisissez alors celle qui fait la longueur de la boutique.

■ Maryse avait une boutique de chaussures de luxe à un angle de rues. Du trottoir, à travers ses deux vitrines très dégagées, on pouvait apercevoir tout l'intérieur de la boutique. Et Maryse souffrait de voir beaucoup de clients entrer et ressortir presque aussitôt. Le changement a été immédiat après qu'elle ait installé dans les vitrines comme des grandes boîtes de couleurs vives qui mettaient en valeur ses modèles et protégeaient l'intérieur des regards. Les clients sont restés dans la boutique beaucoup plus longtemps et ont pris le temps d'acheter.

Votre boutique fait-elle face à une place, à un terrain dégagé ou un jardin public ?

✳ La quantité de *qi* émanant d'un lieu dégagé se répercute aussitôt sur les alentours. C'est l'effet ming tang. Voilà qui est excellent pour un commerce. Tout le devant de la boutique en bénéficiera.

Ne placez rien devant votre porte qui pourrait freiner l'entrée des énergies. Veillez à ce que personne n'attaque votre *ming tang*, par exemple en garant sa voiture sur votre trottoir. Ne laissez pas la municipalité installer un de ces édifices ou de ces mobiliers urbains dont elle raffole, toilettes, panneau publicitaire, etc.

La place sur laquelle donne votre commerce possède-t-elle de surcroît une fontaine et des arbres ?

✳ Dans le sud de la France et en Italie, les places des villages sont ainsi rafraîchies de fontaines et de platanes et les cafés avoisinants

Sur la place St Sulpice *à Paris, les commerces bénéficient du qi positif de la fontaine.*

regorgent de monde. Il faut simplement éviter que le tronc d'un arbre ou la statue de la fontaine ne soient dirigés sur votre porte créant alors une énergie difficile, le *sha qi*.

En général, les places sont suffisamment grandes pour que vous puissiez vous protéger des *sha qi*. Avec l'autorisation de la municipalité, installez de grands bacs d'arbustes devant votre porte si vous êtes gêné par un tronc d'arbre, une statue ou encore une colonne Morris.

Votre commerce est-il le plus petit du voisinage ?

✳ Vous devez être très attentif quand vous choisissez une boutique à ce que ses voisines ne soient pas le double de celle qui vous plaît. Cela arrive souvent quand les propriétaires ont acheté les boutiques qui jouxtaient la leur doublant ainsi leur surface de vente. Or une mini-boutique peut être très défavorisée par ses imposantes voisines qui l'écraseront.

Choisissez une boutique aussi grande que les commerces mitoyens, ou plus grande, mais jamais plus petite. Si elle est vraiment de taille réduite et que vous ne pouvez pas en changer, éclairez beaucoup la devanture par des lumières qui se dirigent vers le haut pour lui donner de l'importance. Ajoutez un auvent de couleur vive.

LA PORTE ET LA VITRINE

Comme pour la maison, la porte de la boutique est la bouche par laquelle entrent les énergies venues de la direction qui lui fait face. Il est donc important de privilégier pour cette entrée les énergies bénéfiques et de la protéger des flèches secrètes des énergies négatives.

Les couleurs de la porte de votre boutique ont-elles été choisies en accord avec sa direction ?

✳ Une boutique dont la porte est dirigée vers le nord n'est pas en harmonie avec du rouge qui est la couleur du sud. La couleur rouge qui se voit pourtant de loin risque d'être complètement invisible aux yeux des passants. L'eau qui est l'élément du nord va noyer le feu de l'élément du sud.

Choisissez une couleur accordée avec la direction de votre boutique (voir page ci-contre) ou bien des teintes neutres.

■ Michèle possède un grand salon de coiffure dont la façade est plein nord. La devanture était rouge orangé et Michèle se plaignait du manque de fréquentation de son salon. Après qu'elle ait fait repeindre la devanture en turquoise clair et enlevé toute trace de rouge, de nouvelles clientes sont arrivées, chacune disant : "je travaille dans le quartier. Comment n'avais-je jamais remarqué votre salon avant ?". Rien d'étonnant à cela : l'élément eau du nord représenté par la direction de la porte éteignait le feu de la devanture.

ACCORD ENTRE L'ORIENTATION DE LA BOUTIQUE ET CE QUI S'Y VEND

Orientation	Couleurs	Accord	Boutiques
est sud-est	vert foncé vert clair	noir/bleu noir/bleu	fruits-légumes, mobilier, fleurs tissus, objets en bois, jardinerie cabinets médicaux et paramédicaux
sud	rouge, pourpre, violet, orange foncé	vert	restaurant (sauf de poissons) éclairagiste, chauffagiste, vidéo
sud-ouest nord-est	jaune, ocre, terra cotta orange et marron clair	rouge	immobilier, marbrier, architecte entrepreneur, restaurant
ouest	or, argent, blanc	jaune	bijoutier, joaillier, coutellerie import-export
nord-ouest	or, argent	jaune	banque, assurances
nord	noir, bleu marine	blanc	studios de télévision et radio studios cinéma, informatique agences de voyages

Les énergies arrivant par la porte sont-elles en accord avec ce que vous vendez ?

✳ Prenons l'exemple d'un institut de beauté. Si vous proposez des U.V., votre porte doit idéalement se situer face au sud qui représente le feu, le soleil. Elle serait malencontreusement placée au nord qui symbolise l'eau. Le nord en revanche conviendra parfaitement à la balnéothérapie. L'est et le sud-est qui représentent le bois et les plantes seront bien adaptés à un institut d'aromathérapie. Le sud-ouest et le nord-est de l'élément terre seront tout indiqués si cet institut propose des soins à base de boues ou d'argiles.

Si l'élément correspondant à la direction de la porte est en désaccord avec l'élément symbolisant le thème de votre boutique, misez, pour recréer l'harmonie, sur l'énergie de l'élément qui s'interpose entre eux deux. Reprenons l'exemple des instituts de beauté. Pour un institut spécialisé dans le traitement par les algues et l'eau de mer et qui se trouve face au sud (l'élément feu), on utilisera des tons de vert amande ou de turquoise ou encore du bois. Tout ce qui se rapporte à l'énergie de l'élément bois servira de tampon entre les deux éléments antagonistes : on aura ainsi "une eau qui nourrit le bois qui nourrit le feu" au lieu "d'une eau qui éteint le feu". L'orientation de la porte au sud est particulière. C'est une direction qui est considérée comme très bénéfique, n'oubliez pas que le sud signifie renommée, il est toujours très bon pour une boutique d'être connue.

Avez-vous recherché votre trigramme personnel et vérifié qu'il est en harmonie avec la direction de votre porte de boutique ?

✳ La recherche de la bonne orientation de la porte se fait par rapport

La couleur yang *orangée stimule les papilles dans ce restaurant.*

à votre année de naissance. Observez la relation entre les énergies de la boutique et les vôtres. Si la porte est en accord avec votre meilleure direction, celle que l'on appelle votre *sheng qi*, la direction de la richesse et de la prospérité, vous serez très avantagé. Vous pouvez également choisir une boutique dont la porte sera orientée vers une des trois autres bonnes directions, mais en aucun cas dans votre pire direction. C'est ce qui explique qu'une boutique convienne mieux à une personne plutôt qu'à une autre, tout aussi bonne commerçante.

Le fait de choisir sa meilleure direction pour son commerce facilite beaucoup l'activité professionnelle et aide à réussir. Songez-y lors de votre prochaine installation. Pour trouver la direction de votre porte, placez-vous sur le seuil en regardant vers l'extérieur avec une boussole. La direction que vous regardez est la direction de votre porte. Ensuite reportez-vous page 21 pour découvrir votre trigramme personnel.

Que faire si votre porte n'est pas en bonne relation avec votre trigramme personnel ?

✳ Imaginons par exemple que votre trigramme personnel soit 7 métal et que toute la vitrine et la porte soient orientées vers le sud. Dans le cycle des éléments, le sud, le feu détruit le métal.

Placez sur votre vitrine les couleurs de la terre, du jaune, de l'orangé, de l'ocre qui s'interposeront entre le feu et le métal : "le feu crée la terre qui crée le métal". Vous pouvez également utiliser des céramiques, de la terre cuite sur le sol. C'est une petite aide qui n'efface pas complètement cette mauvaise relation entre votre trigramme personnel et la porte mais elle l'adoucit. Elle évite surtout de renforcer une énergie difficile en y ajoutant des éléments antagonistes. Vous trouverez dans le questionnaire des habitations à la page 48 le diagramme des éléments à choisir en fonction de la direction de la porte en désaccord avec votre trigramme personnel.

Votre vitrine est-elle bien éclairée, avec peu d'objets, bien présentés dans des couleurs attrayantes ?

✳ Les énergies ont besoin d'espace pour circuler. Si votre vitrine est trop chargée, le *qi* ne pourra pas évoluer. Les couleurs attrayantes et l'éclairage rendent votre vitrine le plus yang possible afin qu'elle attire les clients.

De nombreux commerçants ont compris qu'il fallait changer souvent les vitrines plutôt que

Le sheng qi, c'est la première des bonnes directions, celle qui apporte richesse et prospérité

Trouvez votre sheng qi selon votre trigramme :

Pour le trigramme personnel **1**	Le **sheng qi**	c'est le **sud-est**
Pour le trigramme personnel **2**		c'est le **nord-est**
Pour le trigramme personnel **3**		c'est le **sud**
Pour le trigramme personnel **4**		c'est le **nord**
Pour le trigramme personnel **6**		c'est l'**ouest**
Pour le trigramme personnel **7**		c'est le **nord-ouest**
Pour le trigramme personnel **8**		c'est le **sud-ouest**
Pour le trigramme personnel **9**		c'est l'**est**

Cet éclairage *chaleureux attire immédiatement l'attention.*

de mettre beaucoup de choses dedans, ceci afin de renouveler les énergies.

La porte de votre boutique s'ouvre-t-elle vers l'intérieur ?

✳ C'est très bien. L'énergie qui vient de l'extérieur entrera naturellement en tournoyant. Si votre porte ouvre vers l'extérieur, le mouvement sera contrarié et freiné.

Dans le second cas, il faudra changer les gonds de la porte et l'aménager de manière à ce qu'elle ouvre vers l'intérieur.

Votre porte est-elle en verre transparent ?

✳ On voit quelquefois des boutiques dont la porte est entièrement recouverte de posters et d'affichettes. Certaines même ont des portes en bois plein. Contrairement aux habitations dont les portes doivent vous protéger des étrangers qui voudraient entrer, il faut que les boutiques aient des portes en verre. Le but premier étant que les clients pénètrent sans obstacle ni hésitation.

Enlevez toutes les affiches et affichettes qui peuvent se trouver sur votre porte et changez-la si elle est en bois plein. Ne gardez que les autocollants des cartes de crédit.

Comment est la forme de la porte ?

✳ Certaines portes ont des ferronneries décoratives. Attention à ne pas y laisser de formes pointues ou agressives. La poignée de la porte devrait être arrondie et ne jamais prendre la forme d'une barre en diagonale, comme un signe défensif.

Les portes les plus simples sont les meilleures. Une forme arrondie en haut est bénéfique. Toute autre décoration est superflue.

■ Ce fromager travaille beaucoup mieux en été qu'en hiver. Rien d'étonnant à cela, sa porte est une imitation parfaite des portes moyenâgeuses avec des ferronneries en forme de flèches et de pointes. Il l'ouvre tout l'été, mais en hiver, le froid l'oblige à la fermer. Quand il s'en séparera, de combien son chiffre d'affaires augmentera-t-il ?

Votre enseigne est-elle assez visible et lisible ?

✳ Cette question semble oiseuse. Cependant, nombre de boutiques n'ont pas d'enseignes assez visibles. Certains commerçants disposant d'un très petit budget ont préféré investir dans d'autres postes. Mais, on voit également de grandes boutiques luxueuses dont l'enseigne brille par son absence ou est très mal placée.

L'enseigne doit être lumineuse, disposée à l'horizontale, bien en haut, surtout jamais trop bas. Les lettres doivent être droites, ou montantes, jamais descendantes. Quel que soit le style de votre boutique, on doit la voir de loin comme la croix verte des pharmacies ou la carotte des buralistes.

Située directement *en face de votre porte, cette belle colonne va obstruer l'arrivée du qi.*

QUE VOIT-ON DE VOTRE PORTE ?

Que voyez-vous depuis votre porte ? Un tronc d'arbre, une colonne, un toit pointu, un clocher d'église, une tour ou bien du mobilier urbain comme un arrêt de bus, un lampadaire, un kiosque à journaux, une cabine téléphonique vous faisant face directement ?

✳ Nombreuses sont les constructions qui entravent véritablement les bonnes énergies. En outre, certains bâtiments publics peuvent s'édifier du jour au lendemain devant votre porte. Ces flèches secrètes négatives peuvent véritablement barrer la route à un *qi* favorable et vous faire végéter dans votre activité.

Essayez d'empêcher l'installation de ces édifices. Sinon, multipliez les lampes pour augmenter les énergies positives et utilisez des panneaux réfléchissants ou une peinture laquée sur les murs de votre boutique afin qu'ils renvoient les flèches envoyées dans votre direction.

Un cimetière, une maison en ruine, une boutique mal entretenue, est-ce la vue que vous avez devant vous ?

✳ Chacun de ces panoramas possède une connotation très *yin* et vous empêchen de développer un commerce florissant. Les énergies du cimetière sont si fortes, qu'à moins d'être vendeur de pierres tombales, vous ne devez en aucun cas prendre une boutique devant cet endroit.

Si la boutique que vous voyez en face de la vôtre tombe en ruines, vous pouvez peindre votre devanture avec des couleurs vives, comme le rouge. L'énergie yang que dégagera votre boutique contrera un peu le yin de votre malheureux voisin. Un auvent de couleur rouge fera aussi l'affaire.

Le bâtiment sur le trottoir d'en face fait-il un angle dirigé juste sur votre porte ?

✳ Lorsque de nouveaux bâtiments sont construits, les angles des murs créés pointent parfois juste devant la porte. Cela affaiblit inutilement l'entrée et les clients qui rentrent.

Il est important de corriger ce sérieux défaut en plaçant au-dessus de votre porte un miroir convexe de 20 à 30 cm de diamètre. Il renverra les flèches secrètes dirigées vers votre porte dans toutes les directions. Si le trottoir est assez large devant votre boutique, vous pouvez installer des grands bacs avec des plantations qui cacheront l'angle incriminé. N'oublions pas qu'en Feng Shui, ce qui ne se voit pas n'existe pas.

Votre boutique fait-elle face à un hôpital, un poste de police, une caserne de pompiers ou une prison ?

✳ Sauf si votre boutique est directement concernée par le commerce avec une de ces institutions, (par exemple, une pharmacie en face d'un hôpital), il n'est pas bon de vous trouver à proximité de lieux où les gens souffrent.

Evitez ces endroits qui pourraient avoir des répercussions sur votre chiffre d'affaires et pire, sur votre santé.

LE PLAN DE VOTRE BOUTIQUE

Le plan de la boutique elle-même est primordial. Les critères sont les mêmes que pour la maison.

La circulation du qi *se fait aisément à l'entrée de cette boutique de parfums.*

La boutique possède-t-elle une forme régulière ?

✳ Si tel est votre cas, bravo ! Comme pour les maisons, les meilleurs plans sont carrés ou rectangulaires. L'harmonie est dans l'équilibre et la symétrie.

Attention à bien disposer votre mobilier de façon à ne pas créer par inadvertance des irrégularités où il n'y en avait pas au départ. Gardez vos formes régulières. Elles sont très bénéfiques pour la bonne circulation du *qi*.

Le plan de la boutique est-il de forme irrégulière ?

✳ Chaque secteur de la maison représente une direction de la rose des vents et symbolise une des huit aspirations de l'être humain. Si un secteur vient à manquer, l'aspiration qu'il figure en souffrira.
Le secteur sud-est qui représente la richesse ne doit surtout pas manquer. Les plans en L ou en U sont défavorisés car ils peuvent comporter beaucoup de parties manquantes.

Dans le cas d'un plan en L, il est possible de découper le plan et de recréer un équilibre par la juxtaposition de deux parties. On cherchera à créer deux rectangles en installant soit des portants, soit des étagères à l'endroit partagé. Pour un plan en U, on peut découper la surface en trois parties.

Dans quelle partie de votre boutique sont situées vos toilettes ?

✳ Les toilettes sont généralement mal placées. Elles ne doivent pas se situer en tout cas, dans la zone sud-est de votre magasin, puisque celle-ci représente la richesse, la prospérité.

Si vos toilettes sont dans la cour, vous allez cesser de vous en plaindre. En effet, aucune de vos huit zones d'aspirations ne sera affectée, avec des toilettes à l'extérieur du magasin.

Le plan est-il de forme triangulaire ?

✳ Le triangle est la forme de l'élément feu. Cela peut apporter beaucoup de stress dans les relations entre les employés et même avec les clients par excès de yang, l'énergie du feu étant très forte.

Une bonne solution consiste à mettre un miroir le long d'un des murs qui part de la vitrine, rétablissant le rectangle par effet optique. Mais ne placez jamais de miroir sur le mur qui fait face à la porte. Si vous devez partager la boutique avec des éléments ou des meubles, faites-le toujours dans la partie la plus étroite du triangle pour vous rapprocher du rectangle.

Votre boutique est-elle en longueur plutôt qu'en largeur ?

✳ C'est une bonne forme. Les énergies auront le temps de pénétrer dans votre boutique. Vous garderez un certain mystère vis-à-vis de vos clientes qui devront aller jusqu'au fond pour tout connaître. La partie avant de votre boutique étant la partie la plus yang, la plus vivante. La partie du fond, la plus yin sera aussi la plus calme.

Il faut veiller à bien éclairer la partie la plus éloignée de la porte. Si votre boutique est en longueur, le fond doit être éclairé par des spots puissants sans être aveuglants. De la musique et des couleurs vives rehausseront aussi son énergie.

L'INTÉRIEUR DE LA BOUTIQUE

La lecture est *attrayante dans cet espace bien éclairé.*

Le devant de votre porte, à l'intérieur, est-il dégagé ?

✳ Si oui bravo : vous faites la place nécessaire aux énergies qui pénètrent dans votre boutique pour tournoyer sur elles-mêmes et répandre leurs bienfaits dans tous les recoins.

Pensez à toujours à laisser l'espace devant votre porte, le *ming tang*, bien dégagé. Même si la boutique est petite et que vous ayez beaucoup de choses à montrer, l'espace que vous laisserez en face de la porte devra être le plus grand possible.

■ *Jacques et Edouard sont associés dans la robinetterie de luxe. Ils aimeraient augmenter leur chiffre d'affaires. Leur magasin est spacieux mais largement occupé par des parois de panneaux où sont présentés tous leurs modèles de robinetterie et de lavabos.*

Dès l'entrée, on est confronté à ces murs. Les deux associés ont compris le principe du ming tang et ont enlevé ces parois à l'entrée et au centre de leur magasin. Après ces travaux, plusieurs décorateurs sont venus les solliciter pour leurs chantiers, et ils ont vu leur chiffre d'affaires décoller aussitôt.

Avez-vous vérifié que les angles de vos meubles ou les murs, ou encore des colonnes à l'intérieur de votre boutique ne dirigent pas de flèches secrètes sur la porte d'entrée ?

✳ Aucun angle pointu ne doit se trouver face à la porte d'entrée, aucune colonne non plus.

On peut facilement modifier cette erreur dans une boutique, en disposant devant un angle incriminé soit une plante, soit un mannequin, soit encore un tissu ; l'essentiel est que cet angle malheureux disparaisse.

Avez-vous une jolie cour à l'arrière de votre boutique que vous souhaitez montrer, ou une fenêtre qui éclaire l'arrière de votre magasin, juste dans le prolongement de votre porte ?

✳ Les énergies entreront dans votre boutique et ressortiront tout aussitôt par l'ouverture qui se trouve dans votre mur arrière. Le fond de votre boutique doit être comme votre carapace de tortue, un mur de protection et non un gruyère qui laisse passer les énergies.

Tant pis pour la jolie cour. C'est votre boutique et non la cour qui doit profiter des énergies porteuses de prospérité. Fermez toutes les ouvertures qui sont directement en face de votre porte et que l'on aperçoit quand on rentre. Vous utiliserez un peu plus de lampes.

Avez-vous trois portes en enfilade, la dernière étant la porte arrière de la boutique ?

✳ On trouve souvent ce type de plan dans les parfumeries qui ont des cabines de soins. Là, le *qi* est encore plus vite sorti de votre boutique, puisqu'il peut s'engouffrer dans votre couloir et sortir directement par la porte arrière.

Evitez de créer trois ouvertures en enfilade, qui vont apporter un torrent d'énergie très négative. Placez plutôt un rideau de tissu ou de perles dans l'ouverture intermédiaire. Fermez les ouvertures de la porte du fond et éclairez beaucoup le couloir avec des petits lustres ou des spots multidirectionnels selon votre style.

Avez-vous installé un miroir sur le mur du fond de votre magasin, face à la porte ?

✳ Un miroir face à la porte d'entrée renvoie toutes les énergies qui pénètrent. Avez-vous déjà essayé d'utiliser votre téléphone portable dans une boutique dont trois murs sont recouverts de glaces ? En général il fonctionne très mal, les ondes sont bloquées par les miroirs. En revanche, il est excellent de placer des miroirs sur un mur de côté. Les restaurants le font beaucoup, doublant symboliquement les clients et la nourriture.

Cachez le miroir sur le mur du fond de votre boutique par des objets, ou sous du tissu. Le mieux serait d'installer ce miroir le long d'un mur qui ne fait pas face à votre porte d'entrée.

Arlette avait un tout petit magasin de prêt-à-porter. Pour l'agrandir, elle avait fait recouvrir tous les murs de glaces du sol au plafond. Elle se plaignait beaucoup de vols et son chiffre d'affaires n'était pas fameux. En installant des glaces partout, elle s'était privée de son fameux mur de soutien, sa tortue et cela se traduisait par des malversations. Heureusement, elle s'est décidée à recouvrir la plupart des glaces d'étagères remplies de pulls et de T-shirts. Les vols ont immédiatement diminué de moitié.

Vous a-t-on recommandé de poser un miroir imitant les vieux miroirs, un miroir bronze ou des carreaux de miroir ?

✳ Tous ces miroirs déforment la réalité et sont négatifs. Seuls les miroirs blancs d'un seul tenant et en bon état, sans craquelure, ni fêlure sont appropriés. Les carreaux de miroirs vous renvoient une vue morcelée de votre boutique qui la fragilise et craquelés,ils symbolisent le dénuement.

Cette lumineuse *boutique montre qu'un bon éclairage peut remplacer des miroirs.*

Débarrassez-vous de tous les autres.

Y-a-t-il un escalier devant la porte d'entrée de votre boutique ?

✳ Les énergies qui entrent, s'engouffrent dans votre escalier pour répandre leurs bienfaits au premier étage. Elles délaissent le rez-de-chaussée qui ne bénéficie plus d'autant d'énergies. La situation est encore pire lorsque l'escalier qui fait face à la porte descend. D'autant plus que c'est souvent la réserve qui se trouve au sous-sol.

Si vous le pouvez, arrangez-vous pour dévier les premières marches vers une autre direction que la porte. Sinon, placez une plante ou un paravent entre l'escalier et la porte d'entrée.

Avez-vous mis votre sigle sur votre paillasson ou sur toute la moquette ?

✳Pour les Asiatiques, il est très important de ne pas placer son enseigne ou son sigle au-dessous de la ceinture. Et encore moins, de le laisser fouler sous les pieds de vos clients! Vous risqueriez de provoquer scandales et calomnies sur le nom de votre boutique.

Enlevez les paillassons et moquettes siglées à votre enseigne.Veillez à placer toutes vos enseignes toujours au-dessus de votre taille et si possible plus haut encore au-dessus de votre tête.

Avez-vous un plafond avec beaucoup de poutres ?

✳ Les poutres abaissent les énergies qui circulent dans une pièce. Plus la poutre sera grosse, plus les énergies baisseront. Une armée de petites poutres au plafond est moins négative qu'une très grosse poutre en travers de la pièce. Une grosse poutre, surtout si le plafond n'est pas très élevé, sera très difficile à contrer et il est recommandé de ne pas placer dessous un canapé, un bureau et encore moins la caisse.

Un bon moyen de remonter les énergies descendantes

causées par la poutre est de placer tout le long une guirlande de lumières, un rail de spots. Cette solution est surtout valable pour la grosse poutre qui coupe véritablement une pièce en deux. La lumière *yang* dirigée vers le plafond fait remonter les énergies.

LA CAISSE

Votre caisse se trouve-t-elle en face de la porte ?

✳ Ce n'est pas la position idéale. Les énergies en entrant, foncent directement sur elle. Elle est donc sous le feu d'énergies trop fortes et l'argent risque de repartir aussi vite. De plus pour mieux profiter de leur passage dans votre boutique, vos clients doivent pouvoir en oublier l'aspect commercial, au moins dans un premier temps.

Placez-la sur le mur de côté, près de la porte. C'est là qu'elle est le mieux. Si vous ne pouvez pas l'installer ailleurs que dans le fond, choisissez toujours de la mettre de côté, jamais de face et sachez que ce sera un moins bon emplacement que près de la porte en sortant.

Votre caisse se reflète-t-elle dans une glace ?

✳ Bien. Vous dupliquez la caisse. Symboliquement, vous doublez les bénéfices. Avec pour conséquence une amélioration du chiffre d'affaires

Si un miroir n'est pas très pratique sur le mur ou le panneau où se trouve votre caisse, vous pouvez toujours essayer de placer un objet brillant à côté qui la reflétera, comme une boule de verre mercurisé. De celles que l'on place dans les arbres de Noël ou au départ des rampes d'escalier.

Y a-t-il des pointes dirigées vers votre caisse, ou une poutre juste au-dessus ?

✳ Attention. La caisse ne doit pas être attaquée par des flèches secrètes. Cela risquerait d'attaquer vos recettes.

Placez-la dans un endroit protégé. Sur le meuble qui l'abrite, vous pouvez disposer des fleurs fraîches ou une toute petite fontaine.

Le meuble de la caisse fait-il un angle droit dirigé vers la porte ?

✳ Cela se produit relativement souvent. Les clients ressentent un certain malaise en entrant, provoqué par ces flèches secrètes

Prenez un meuble arrondi ou bien faites raboter l'angle coupable.

Quand vous avez choisi votre caisse, votre comptoir, avez-vous demandé à votre menuisier d'arrondir les angles en pensant aux règles du Feng Shui ?

✳ C'est très bien. Si vos meubles sont adoucis parce que leurs angles ont été arrondis, si votre comptoir n'envoie pas de pointe dans le dos de vos clients, il réglera une atmosphère beaucoup plus harmonieuse et les clients se sentiront beaucoup mieux.

PLUS DE YANG

L'élément Eau *renforce le caractère de cet institut lié aux ressources de la mer.*

Comment votre boutique est-elle éclairée? Suffisamment ? Y a-t-il de la lumière jusqu'au fond de la boutique ?

✳ Les éclairages sont un point très important d'un bon Feng Shui de votre boutique. Il est nécessaire que vous ayez beaucoup de possibilités d'éclairage, partant de différents points lumineux. Il faut éclairer sans éblouir et avec beaucoup de précautions pour que les objets que vous vendez soient mis en valeur.

Faites appel à un véritable éclairagiste, quelqu'un qui saura calculer combien de "lux mètres" vous seront nécessaires. Pensez à l'extérieur autant que l'intérieur. C'est un poste très important pour la réussite future de votre boutique. N'oubliez pas que les boutiques ont besoin d'énergies *yang* et que la lumière en apporte beaucoup partout où elle se trouve.

A Paris, le magasin Grand Optical situé sur les Champs Elysées, est un modèle d'éclairage. Comme il est situé plein ouest, dans la direction où le soleil éclaire le plus, il fallait que les clients en entrant ne voient pas de différence entre l'extérieur et l'intérieur, même les jours de grand beau temps. La vitrine est donc très grande et les lumières à l'intérieur, très puissantes, sans éblouir cependant. Et c'est une superbe réussite commerciale.

Avez-vous de la musique dans votre boutique ?

✳ Oui ? C'est très bien. Vous apportez de l'énergie *yang* jusqu'au fond de la boutique. Mais choisissez des morceaux adaptés à votre boutique et à vos clients. Attention aux musiques qui sont désespérées ou agressives. Certains morceaux de rap qui ont des paroles extrêmement menaçantes, sont de véritables appels à la violence et risquent d'apporter un excès de *yang*. Certains airs d'Opéra plongent en revanche dans des océans de malheur et de tristesse et vont développer le *yin* en excès.

Sans vous recommander la musique pousse-caddy, il est bon que vous choisissiez soigneusement vos musiciens et que vous évitiez les excès.

Avez-vous décoré votre boutique dans des tons vifs ou avez-vous choisi des tonalités neutres car les objets que vous vendez sont de couleurs multicolores ?

✳ Il est excellent, pour apporter des énergies *yang*, de mélanger tons vifs et tons pastels, surtout si vous équilibrez ainsi les couleurs des cinq éléments sans qu'une couleur ne l'emporte. Les cinq éléments se retrouvent et se rehaussent mutuellement.

Evitez de miser sur une couleur unique pour votre magasin. Ce monocoloris apportera un déséquilibre et risque également, s'il n'est pas adapté au secteur où il se trouve, de faire beaucoup de dégâts. Si vous avez une boutique aux murs blancs immaculés et sol en marbre de Carrare blanc veiné, il est recommandé de choisir du mobilier foncé pour contrebalancer toute cette blancheur.

Le yin et le yang : *ce présentoir très foncé est rééquilibré par un lampadaire transparent.*

Le vert (tous les tons de vert et le turquoise) nourrit **le rouge**

Le rouge (toutes les tonalités de rouge, le rose, le bordeaux et le violet pourpre) nourrit **le jaune**

Le jaune (tous les tons de jaune, l'ocre, le terre de sienne, l'orangé clair) nourrit **le blanc**

Le blanc (toutes les nuances de blanc, l'or, l'argent) nourrit **le bleu**

Le bleu (tous les tons de bleu soutenu, le noir, le gris) nourrit **le vert**

Avez-vous un plafond peint en noir ou en bleu marine ?

✳ Un plafond peint en noir ou en bleu marine représente l'eau menaçante au-dessus de la tête, un tabou majeur en Feng Shui. L'eau ne doit se trouver ni derrière, ni au-dessus de votre tête.
De nombreux problèmes peuvent surgir là où l'eau menace ainsi.

Il est vivement recommandé de repeindre le plafond en clair.

Avez-vous pensé à mettre quelques objets qui rehaussent le *yang* de votre magasin ?

✳ C'est une bonne idée. Les aquariums avec huit poissons rouges et un noir sont des activateurs de prospérité. Vous pouvez les mettre dans le nord, l'est et le sud-est. Si vous en avez la possibilité, choisissez plutôt le sud-est qui représente la richesse. L'eau activera l'élément bois du sud-est, vous apportant plus de prospérité. Une petite fontaine près de la caisse ou dans un des trois secteurs cités plus haut : nord, est, sud-est, sera très bénéfique également. On en trouve dans les magasins des quartiers chinois.

Nadia avait fait peindre en bleu marine le plafond au centre de sa boutique, pour en cacher les irrégularités. C'est à cet endroit, qu'elle a été inondée par son voisin du dessus et les spots n'ont de toute façon jamais fonctionné dans ce secteur. Les électriciens s'en arrachaient les cheveux! Lorsqu'elle a fait repeindre son plafond en blanc, un électricien plus perspicace a subitement réparé la panne. Ses clients ont certainement trouvé aussi la boutique plus accueillante puisqu'ils viennent plus souvent.

Un crapaud chinois à trois pattes assis sur un tas de lingots est parfait pour attirer la prospérité. Vous pouvez le remplacer par une grenouille la gueule ouverte dirigée vers la porte. Placez ce modeste animal assez bas. On dit qu'il ouvre sa gueule pour saisir l'argent qui arrive par la porte.

Joyce avait entendu dire que les aquariums apportaient beaucoup de prospérité. Elle en avait installé trois grands dans son tout petit appartement. Les affaires de son mari qui n'allaient pas fort, ont pris une tournure encore plus dramatique. Après s'être aperçue de son erreur, elle n'a gardé qu'un seul aquarium dans le nord de la boutique de son époux. La situation est redevenue peu à peu meilleure., Ce dernier retrouvant une clientèle, plus fidèle.

Un carillon, lorsqu'il est en métal à six branches creuses ou encore des clochettes sont des rehausseurs d'énergies. Ils peuvent être placés devant la porte. Ils tinteront agréablement à chaque entrée apportant une note *yang* qui dissipera toute trace d'énergie *yin*.

On dit aussi qu'un ours qui regarde vers la porte protège des vols et qu'un chat japonais avec sa patte au-dessus de son oreille est censé faire entrer les clients.

Des plantes disposées dans le sud-est, l'est et le sud sont d'excellents rehausseurs d'énergies.

Une licorne chinoise apporte bonheur et prospérité. C'est un animal mythique gentil et accommodant qui protège ceux qui l'entourent.

Trois ou six pièces de monnaie chinoises, liées par un fil rouge et placées dans la caisse ou sur le livre de comptes sont signe de prospérité.

Un conseil cependant : le mieux est l'ennemi du bien. Il est préférable de ne pas utiliser ces objets du tout que de trop en accumuler.

Ce salon de coiffure marchait très bien. Le propriétaire en prenant sa retraite a revendu sa boutique en deux parties. Le coiffeur qui a racheté l'espace possédant la porte d'entrée fait de bonnes affaires. Mais la papeterie qui a dû créer une nouvelle porte d'entrée, ne marche pas. C'est d'autant plus étrange que sa nouvelle propriétaire possède une librairie à deux pas, qui faisait un très bon chiffre en papeterie. Mais nous sommes dans un quartier historique de Paris. L'entrée de la papeterie est située juste devant la porte monumentale d'un hôtel particulier du XVIIIème siècle flanqué de deux grosses colonnes. Un miroir convexe rond d'un diamètre d'environ 30 cm a été placé au-dessus de la porte afin de renvoyer tous azimuts les flèches de sha qi émises par les colonnes.

Est-ce un hasard *si ce centre commercial tout en courbes est aussi prospère ?*

LES CENTRES COMMERCIAUX

Envisagez-vous de construire un centre commercial ?
✳ Un bon centre commercial devrait posséder une circulation comme celle d'une vraie rue, avec des tournants, des méandres. Evitez les plans qui ont une allée droite au centre avec des boutiques de chaque côté.

Vous pourriez vous inspirer des méandres des allées d'Ikéa le célèbre marchand de meubles suédois qui a su, avec succès, mettre en place une circulation du *qi*, avant même que cette notion n'arrive en Europe.

Votre boutique dans le centre commercial est-elle de même taille que celle de vos voisins ?
✳ Une petite boutique sera perdue entre deux grandes. C'est toujours un désavantage d'être plus petit que les autres surtout s'il s'agit de concurrents. Or vous pouvez vous trouver dans cette situation si vos voisins ont acheté une boutique mitoyenne.

Veillez à attirer le plus possible l'attention en soignant particulièrement l'éclairage et en faisant peindre la devanture de couleurs vives ou en contraste avec les boutiques voisines.

Votre boutique fait-elle face à une allée ?
✳ Une flèche secrète fonce directement sur votre devanture. C'est l'énergie négative du *sha qi*.

Nous retrouvons ici le principe de la rue en T.
Ne choisissez pas une boutique placée au fond d'une allée. Placez un lustre ou un mobile dans votre boutique devant la porte.
Vous pouvez également placer un miroir convexe au-dessus de la porte à l'extérieur : il renverra une partie des énergies difficiles.

Avez-vous choisi une boutique dans un centre commercial très lumineux, avec de la musique douce et des couleurs gaies ?
✳ Les centres commerciaux se présentent généralement comme des galeries sans fenêtres. Beaucoup d'éléments *yang* sont donc nécessaires pour attirer les clients

Bravo vous avez sélectionné un centre commercial qui vous apporte toutes les chances de succès.

LE QUESTIONNAIRE DES **ENTREPRISES**

Le mot entreprise est pris au sens large : société internationale ou petite entreprise, usine, laboratoire, cabinet médical ou d'avocat, locaux de stockage. La liste n'est pas exhaustive. Elle comprend tous les lieux où l'on travaille, sauf les boutiques. Bien qu'il soit extrêmement important que les locaux professionnels aient un bon Feng Shui, il est primordial que l'habitation de ceux qui travaillent soit en harmonie avec les principes de cet art. En effet, quand bien même tout serait parfait au bureau, si la maison a un mauvais Feng Shui, cela rejaillira sur la réussite de l'entreprise. Il est préférable que ce soit la maison qui jouisse d'un excellent Feng Shui avec un lieu de travail neutre plutôt que le contraire. Et si les deux endroits bénéficient d'énergies excellentes, la chance de la terre sera alors à son maximum.

L'environnement de l'entreprise

Nous parlerons ici d'entreprises très différentes tant par la taille que par le produit vendu, mais essentiellement de sociétés situées dans les grandes villes.

Quelle meilleure *forme peut-on trouver pour un jardin intérieur ? L'octogone est la forme du ba gua. Il porte chance partout où il se trouve.*

Ce jardin intérieur *repose des énergies très yang de ce quartier animé de Paris.*

Vos bureaux sont-ils situés dans une zone bien desservie par les moyens de transport ?

✳ En règle générale, les bureaux sont bien placés quand ils sont dans des zones faciles d'accès. Les quartiers quadrillés par de nombreux bus, par le métro ou qui possèdent une grande gare très proche, sont des pépinières de bureaux. Le personnel peut aller déjeuner dans les petits cafés aux alentours ou faire du shopping dans les nombreuses boutiques avoisinantes. Il est plus facile d'embaucher. Les employés sont satisfaits et la stabilité du personnel est beaucoup plus importante. Jusqu'à la qualité du travail qui est meilleure car les employés utilisent des transports en commun commodes et ne s'énervent pas, coincés dans leur voiture au milieu des embouteillages.

Les quartiers excentrés et mal desservis sont souvent trop calmes, les employés s'y ennuient et souffrent d'un manque d'énergie *yang*. Choisissez toujours des locaux bien desservis par les transports en commun afin de bénéficier d'un personnel motivé.

Votre bureau est-il placé dans une rue assez calme, près d'une grande artère très animée ?

✳ Bravo, les bureaux ne sont pas à leur place dans des carrefours bruyants ou dans une grande avenue très passante comme devraient l'être les boutiques. Ils sont très bien situés dans les rues avoisinant ces grands centres de commerce.

Cherchez toujours à établir vos bureaux ainsi. Vous bénéficierez des accès faciles aux moyens de transport et vous aurez un peu de calme.

Votre usine emploie-t-elle beaucoup de main-d'œuvre ?

✳ Il est nécessaire de vous installer dans une zone industrielle attirant cette main-d'œuvre.

Si l'usine est installée selon les règles du Feng Shui, il y aura moins de gens malades, moins d'absentéisme.

Travaillez-vous dans une entreprise qui produit des déchets polluants ou des odeurs incommodantes ?

✳ Vous ne pouvez prétendre à un bon Feng Shui si vous polluez votre environnement. Vous serez le premier à vivre dans la pollution et l'entreprise ne pourra être harmonieuse pour les gens qui y travaillent.

Il existe maintenant des solutions adaptées pour traiter la pollution. Les utiliser se traduira par un surcoût vite compensé par la bonne image de votre société auprès de ses employés et de ses clients. Pour un bon Feng Shui, une entreprise ne doit pas polluer.

Votre entreprise est-elle située près d'un toboggan, d'un grand pont ou d'un métro aérien ?
✳ Tout dépend de la taille de la société. Si elle est très grande et que ce type d'ouvrage n'est pas construit devant la façade, et en particulier devant la porte d'entrée, elle peut très bien résister. Si elle est de petite taille, elle en pâtira.

Dans la mesure du possible, évitez les intersections de routes et tous courants de circulation très forts, trop près de votre entreprise. Sinon, plantez de grands arbres ou érigez une palissade.

■ *Daniel a un cabinet dentaire florissant dans une maison qui se trouve à l'intersection d'une voie à grande circulation et d'une rue. Cette maison est entourée d'un jardin et il a accepté qu'une société installe de grands panneaux publicitaires qui lui servent de palissade entre le jardin et la route nationale. Côté jardin, les panneaux étant à moitié dissimulés par les arbres, ils protègent très bien Daniel du bruit des véhicules et la voie à grande circulation est invisible. Ce qui est caché n'existe plus.*

Vos bureaux se trouvent-ils dans un bâtiment construit entre deux immeubles un peu plus petits que lui, celui de gauche étant plus haut que celui de droite. Y a-t-il un immeuble plus important derrière. La porte d'entrée de l'immeuble donne-t-elle sur une place avec un jardin et une fontaine ?
✳ Vous êtes admirablement placé entre les quatre animaux mythiques du Feng Shui des formes. Derrière, vous avez la protection de la tortue noire. Sur le côté gauche, le dragon vert, sur le côté droit, le tigre blanc. Et devant se trouve le phœnix rouge (voir page 10 pour plus de détails).

Gardez votre adresse précieusement.

■ *La Hong Kong Bank a acheté le terrain situé en face de sa porte principale pour en faire don à la ville de Hong Kong. La municipalité a dû s'engager à y aménager un jardin public et à ne jamais y édifier de constructions. La banque possède ainsi une vue bien dégagée juste devant sa porte, un ming tang. Quand on connaît le prix exorbitant des terrains en plein centre de Hong Kong, on saisit mieux l'importance d'avoir un ming tang bien protégé.*

Votre bureau se trouve-t-il dans un ensemble de constructions de tailles et de formes disparates ?
✳ L'harmonie est toujours apportée par des immeubles semblables et alignés. Si les immeubles semblent avoir été posés en quinconce, comme cela se trouve beaucoup dans les architectures modernes, il y a fort à parier que les angles des uns seront dirigés vers les façades des autres, avec tir d'énergies très négatives.

Les arbres et les espaces verts atténuent beaucoup les défauts des ensembles de bureaux juxtaposés au petit bonheur la chance. Mais en hiver, s'il n'y a que des feuillus, le défaut ressortira davantage.

■ *Observez les façades des quartiers d'affaires à Paris. Autrefois quartiers bourgeois, ils ont été envahis par les bureaux. Ce sont en effet de très bons endroits pour réussir : les immeubles sont tous de la même hauteur. Ils s'arrondissent le plus souvent aux coins de rues et ils sont bordés de grands arbres. La Ville de Paris en classant les façades fait du Feng Shui sans le savoir.*

LE BÂTIMENT

Vos bureaux sont-ils situés tout en haut d'une tour qui domine les autres immeubles avoisinants ?

✳ Vous avez une très belle vue de votre bureau et cette situation dominante est plaisante. Cependant cette position vous expose à la concurrence. N'oubliez pas que vous êtes comme la maison tout en haut d'une colline, sans la protection de la tortue derrière vous.

Cherchez plutôt un bureau dans un immeuble qui ne domine pas les autres mais qui a simplement une très belle vue dégagée. Vous serez moins exposé aux coups de la concurrence, tout en bénéficiant des avantages d'un *ming tang*.

Votre petit immeuble est-il situé au contraire entre deux tours géantes ?

✳ Les tours vont prendre toutes les énergies des environs. Elles risquent de laisser dans l'ombre votre petit immeuble dont les énergies deviendront de plus en plus yin.

Evitez de prendre des bureaux dans des immeubles beaucoup plus petits que ceux aux alentours. Cependant, si tel est votre cas, il faut beaucoup éclairer le bâtiment, par des lumières qui illumineront particulièrement le haut. Peindre la façade d'une belle couleur chaude est aussi à recommander. Mettre votre enseigne près du toit également. Il ne faut pas hésiter à rendre l'immeuble le plus visible possible et à y implanter des énergies yang pour contrebalancer sa taille réduite.

Votre immeuble a-t-il ses premiers niveaux aménagés en garage ou en parking ?

✳ Les énergies des voitures qui pénètrent dans un immeuble n'ont rien à y faire. Chaque fois que les phares d'une auto seront dirigés sur l'immeuble, il y aura tir d'énergies négatives. De plus, ces masses métalliques entrant et sortant du garage troubleront les énergies qui circulent dans le bâtiment Enfin, la plupart du temps, un garage est sans vie et sans lumière, ce qui représente un trou noir au rez-de-chaussée juste au-dessous de vos bureaux.

Evitez d'avoir des bureaux directement au-dessus d'un garage. En attendant de les changer, mettez aux fenêtres d'épais rideaux et une moquette de couleur chaude au sol.

Votre bureau est-il situé dans un immeuble dont le rez-de-chaussée est sur pilotis ?

✳ Les immeubles qui sont évidés au rez-de-chaussée ne donnent pas l'impression de stabilité et de solidité. Il n'est pas recommandé d'installer ses bureaux dans ce type d'immeubles. Vous serez confronté à des manques de soutien, les gens qui pourraient vous apporter leur appui

Une glace augmente *l'aspect monumental de ce hall apportant encore plus de lumière du jour.*

ou leur concours financier ne le feront pas. Cet aspect sera accentué si les premiers étages sont occupés par un parking.

Fuyez les bâtiments dont les fondations sont apparentes et ne donnent pas une impression de solidité. Les personnes qui pourraient vous soutenir vous feront défaut et les profits aussi. Recherchez les immeubles qui possèdent un rez-de-chaussée bien implanté dans le sol.

Votre immeuble a-t-il la forme d'une pyramide renversée ?

✳ Cette forme, qui n'est pas naturelle, n'offre pas un bon Feng Shui. Elle donne l'impression que le haut écrase le bas et que le tout est sur le point de s'écrouler.

A éviter. Même si le béton autorise de telles formes, un sentiment de déséquilibre, de construction contre-nature persistera toujours et il jouera contre les entreprises qui y travaillent. Vous risquez de perdre beaucoup d'argent.

L'immeuble a-t-il un toit qui descend jusqu'à terre ?

✳ La position normale d'un toit est au-dessus des murs d'une maison. Si le toit descend presque jusqu'à terre, ses occupant se sentiront étouffés. Seuls, les chalets construits en montagne, dans une nature dure et souvent hostile, peuvent apporter la sensation de protéger contre une éventuelle tempête de neige.

A moins que votre société ne se trouve en montagne, évitez ce type de toit.

Votre immeuble est-il construit en cascade, un peu comme les marches d'un escalier géant?

✳ On dit que la prospérité descend les marches de l'escalier pour s'enfuir de ce genre d'immeuble.

Pour protéger la prospérité de votre société, évitez ces immeubles et recherchez ceux qui sont le plus réguliers possible. Si votre société est établie dans ce type de bâtiment et que vous songez à vous agrandir, essayez de donner à l'édifice une forme plus régulière.

Souhaitez-vous déplacer le siège de votre entreprise pour vous agrandir ?

✳ Les Chinois considèrent que la chance du premier lieu de travail peut rejaillir sur les suivants. Dans la mesure du possible, ils s'arrangent pour

conserver le premier bâtiment qui a vu les débuts prometteurs de leur entreprise, même si les nouveaux bureaux sont assez grands pour accueillir l'ensemble du personnel.

Si c' est possible, gardez les locaux qui vous ont aidé à réussir suffisamment pour que vous songiez à vous agrandir. Cela est surtout valable pour les grandes sociétés. Les petites entreprises doivent souvent se séparer des anciens locaux, ou les démolir pour reconstruire plus grand. Encadrez des photos et gardez des vidéos des anciens bâtiments et disposez-les bien en vue dans vos nouveaux bureaux afin qu'ils vous protègent encore un peu.

La société d'informatique de Ludovic fait de belles affaires. Les bureaux deviennent exigus et comme Ludovic vient de racheter une société concurrente, il décide de faire emménager toute son équipe dans des locaux beaucoup plus grands. Au bout de deux ans, sa société est en bien mauvaise posture. Une partie du personnel est licenciée et les affaires se font rares. Puis, Ludovic déménage encore et son carnet de commandes grossit à nouveau. Le personnel constate : «Ces locaux n'étaient pas bons !» Combien de fois a-t-on entendu de telles histoires sur des lieux possédant un mauvais Feng Shui.

Dans quel état est votre immeuble ? L'entrée commune, les escaliers sont-ils en bonne condition ? La peinture est-elle nette ?

✳ Même si vos bureaux ont été refaits à neuf, si l'entrée commune de l'immeuble est en piteux état, les énergies symboliques de la ruine et de la pauvreté rejailliront sur vos finances.

Si les copropriétaires ne veulent pas investir dans la réfection de la cage d'escalier, proposez-leur de faire les travaux à vos frais. Vous n'avez pas le choix si vous ne voulez pas que vos affaires souffrent de ces parties communes.

Cet escalier refait *dans de très beaux matériaux attirera beaucoup d'énergies de prospérité.*

Dans votre recherche de locaux, avez-vous essayé de connaître la situation des anciens occupants?

✳ On trouve bien sûr des exceptions et vous pouvez réussir dans des bureaux dont les précédents locataires ont fait faillite. Cependant, certains locaux ont mauvaise réputation. Les commerçants s'y succèdent avec dépôts de bilan et affaires difficiles. Il y a des immeubles dont les sociétés marchent presque toutes et d'autres dont les sociétés végètent à tous les étages.

Les Chinois interrogent toujours les agents immobiliers sur l'histoire des locaux dont ils veulent prendre possession. Faites comme eux et fuyez les immeubles difficiles.

Avant de signer, allez voir si les voisins ont l'air prospères. Inspectez le quartier. L'abondance appelle l'abondance. Si vous vous trouvez dans un immeuble dont toutes les sociétés marchent bien (elles ne partent que pour s'agrandir) vous avez trouvé un immeuble dont les locaux ont certainement un bon Feng Shui.

André qui est publiciste, aime beaucoup ses nouveaux locaux. Mais il apprécie moins leur historique. L'ancien propriétaire a quitté les lieux parce qu'il n'arrivait pas à se faire connaître. Et celui d'avant n'allait pas mieux. André a remarqué qu'en pénétrant dans les locaux, on se heurte à un mur qu'il est possible de supprimer pour agrandir l'entrée en utilisant la pièce de derrière. Désormais, sa société possède un hall de belles dimensions, bien éclairé. Un mur devant la porte d'entrée, représente un frein qui bloque les énergies. Avoir un hall bien dégagé et lumineux, c'est posséder un bon ming tang. Les énergies pourront s'y déployer et tourner avant de passer de bureau en bureau. Si vous découvrez les défauts d'un local, et que vous pouvez les corriger, vous réécrivez l'histoire de ses occupants... en bien.

LA PORTE D'ENTRÉE

Elle doit recevoir toute votre attention. Vous veillerez à ce que rien ne vienne l'obstruer ou l'attaquer par des flèches secrètes. Si vous occupez tout un immeuble, la porte d'entrée principale sera la porte de l'immeuble. Si vous avez un bureau dans un immeuble, vous devrez protéger à la fois la porte de l'immeuble et celle de votre bureau.

La porte principale du bâtiment qui abrite vos bureaux donne-t-elle directement sur une rue qui descend droit sur elle ?

✳Voilà un tabou en Feng Shui qu'il faut éviter à tout prix. Si les énergies négatives, le *sha qi*, arrivent trop rapidement sur la porte d'entrée, elles seront beaucoup trop fortes et risquent d'apporter de gros problèmes.

Si vous ne pouvez pas mettre la porte d'entrée à un autre endroit, vous pouvez installer une porte tournante à

Les énergies pénètrent *facilement par cette porte largement ouverte sur l'extérieur et proportionnée à la taille du hall.*

tambour qui forcera les énergies rectilignes à circuler en méandres en passant le seuil.

La porte principale du siège d'un organisme de crédit automobile est attaquée par une rue qui fonce directement sur elle ainsi que par deux angles très aigus venant de deux immeubles en face. Ce qui fait au moins trois flèches secrètes terriblement dangereuses dirigées sur cette société. Mais elle a trouvé la parade, dans un registre totalement Feng Shui et probablement sans le savoir. L'entrée se fait par une porte tournante à tambour qui transforme l'énergie des flèches secrètes en énergies bénéfiques. Et la façade en verre est de forme convexe. Elle reflète tous azimuts les énergies négatives.

✳ Des locaux cachés ou dissimulés perdent de bonnes occasions. Des opportunités risquent de ne pas voir le jour avec une prospérité bloquée.

Une vue dégagée est très importante. Elle corrige beaucoup d'erreurs qui pourraient être faites à l'intérieur des locaux. Ne transigez jamais sur la vue dégagée.

Marc a de très agréables bureaux avec vue sur l'arrière d'un immeuble situé dans un parc. Les grands arbres, très proches, lui font une ombre agréable quand il fait chaud. Cependant, les affaires de Marc stagnent. Et quand on vient le voir, on a l'impression d'être coupé du monde. C'est un lieu magnifique pour des retraités, pas pour un homme d'affaires.

QUE VOIT-ON DE VOTRE PORTE? LE PLAN DE VOS LOCAUX

L'entrée principale de votre immeuble se trouve-t-elle devant un terrain qui monte, ou bien devant une colline ou un immeuble très haut qui bouche la vue ?

Que voyez-vous de votre porte d'entrée ? Avez-vous des flèches secrètes telles que un arbre, des poteaux, un angle de mur d'immeuble, un toit pointu, le triangle d'un haut de fenêtre ou tout simplement un petit édifice public qui se trouve devant votre porte d'entrée principale ?

✳ Si vous avez des angles ou des triangles devant votre porte, ce sont des flèches secrètes qui sont dirigées vers elle. Les troncs d'arbres,

Grâce à ce bel espace, *les énergies peuvent déployer largement leurs influx bénéfiques avant de pénétrer dans le bâtiment.*

les poteaux, le petit édifice ou le mur trop près bouchent l'entrée de votre immeuble et l'empêchent de respirer. C'est comme si on le bâillonnait, empêchant les bons flux du *qi* d'entrer dans votre entreprise.

Détruisez ou déplacez tout ce qui se trouve devant votre porte. N'oubliez pas de protéger votre *ming tang*, cette place dégagée devant votre porte qui accueille les énergies et les aide à tournoyer car c'est ainsi qu'elles deviennent positives.

L'entrée principale de l'entreprise que vous dirigez est-elle orientée selon vos bonnes directions ?

✳ Chacun de nous est né avec un trigramme personnel qui lui donne ses bonnes et mauvaises directions en se fondant sur la rose des vents.
Il est primordial pour le dirigeant d'une entreprise que l'entrée soit orientée en fonction de ses meilleures directions. Quelquefois, la bonne orientation de la porte d'entrée suffit, surtout quand elle se trouve sur la façade principale. Dans d'autres cas, il faudra observer la porte d'entrée du bâtiment ainsi que celles des bureaux, s'ils occupent seulement une partie des locaux. Parfois enfin, la porte d'entrée se trouve sur le côté de l'immeuble et c'est la façade qui reçoit toutes les énergies importantes. Dans ce cas-là, il faudra considérer la direction de la façade autant que l'entrée principale de l'entreprise.
Ne jamais oublier que celui qui dirige une entreprise doit être en parfait accord avec sa société pour que ses collaborateurs se sentent équilibrés. Il n'est pas du tout nécessaire que la porte d'entrée ou la façade soient en harmonie avec chaque employé. La chance du boss rejaillira sur son personnel. En revanche, si les énergies du bâtiment ne sont pas en harmonie avec le dirigeant, son personnel le ressentira également. Dans les multinationales, c'est le trigramme personnel de chaque directeur de site qui doit être en harmonie avec le lieu.

Calculez votre trigramme personnel en suivant les instructions qui sont données page 21.

Votre porte d'entrée est-elle assez grande pour votre immeuble ? Est-elle bien visible de l'extérieur ? Les accès à votre porte sont-ils bien éclairés ?

✳ Si la réponse est oui, c'est un bon point. Il est en effet, nécessaire pour votre entreprise, que votre porte soit grande et visible de la rue.

Portez beaucoup d'attention à ce qui entoure la porte d'entrée à l'extérieur. Les lampes doivent être en état de marche. Il doit être facile de se rendre dans vos locaux. Si votre société se trouve dans les étages d'un grand immeuble, soignez particulièrement la signalétique. Vous ne devez jamais être caché si vous voulez que le *qi* parvienne jusqu'à vous.

■ *Jacqueline a un cabinet de dermatologie au premier étage sur cour d'un très bel immeuble. La cour est brillamment éclairée. Mais, les copropriétaires ne veulent pas que la lumière reste allumée en permanence dans l'entrée de l'immeuble et dans l'escalier. D'ailleurs, même allumée, la lumière reste insuffisante dans ce hall haut de plafond. Les patients doivent affronter de grands espaces très sombres, très yin en contraste avec la cour très éclairée, très yang. Jacqueline se plaint que le cabinet n'est pas assez connu. Il faudrait qu'elle accepte de refaire à ses frais tout l'éclairage du hall avec cellule d'allumage photo-électrique pour que sa renommée se développe. L'environnement de son cabinet est beaucoup trop obscur.*

Cet ascenseur *transparent laisse passer l'énergie yang de la lumière dans l'escalier un peu retiré.*

Les escaliers sont-ils placés devant l'entrée de votre entreprise ?

✳ Il faut éviter à tout prix cette implantation malheureuse. Car ils vont aspirer le *qi* vital dans les étages supérieurs et laisser le rez-de-chaussée sans énergies.

Vous pouvez changer le sens des premières marches afin que celles-ci ne soient plus dirigées vers la porte. Vous pouvez aussi si vous en avez l'espace, ériger une cloison qui cachera l'escalier. Vous pouvez également dans ce but disposer un grand panneau ou beaucoup de plantes.

Les ascenseurs sont-ils placés sur le côté et éloignés de la porte d'entrée de vos bureaux ?

✳ En s'ouvrant, les ascenseurs déplacent brutalement des énergies qui peuvent perturber les lieux.

La porte d'entrée de vos bureaux, loin des ascenseurs, est très bien placée. Les ascenseurs ne doivent jamais se trouver face à la porte d'entrée du hall de l'immeuble, ni face à celle de votre entreprise. Pour votre bureau, refusez toujours d'occuper la pièce qui fait face à l'arrivée des ascenseurs à l'étage.

Avez-vous plusieurs entrées, et aucune ne peut être considérée comme plus importante que les autres ?

✳ La porte d'entrée principale doit être clairement signalée. Certains immeubles ont plusieurs entrées dans plusieurs parties de l'immeuble, de taille identique. Le pire étant deux portes presque côte à côte, un peu comme si l'immeuble avait deux bouches. Alors le *qi* ne reste pas à l'intérieur, il s'enfuit.

Choisissez arbitrairement une porte comme entrée principale et arrangez-la en conséquence. Il est tout à fait admis d'avoir plusieurs portes de sortie, mais surtout ne gardez qu'une porte d'entrée.

■ *La Grande Bibliothèque à Paris, dernier grand monument à être construit dans la capitale, comporte deux portes principales, d'égale grandeur, la porte Est et la porte Ouest. Et ces deux portes ne sont pas visibles de la rue. Cela donne l'impression que la bibliothèque ne veut pas de visiteurs, qu'elle se replie sur elle-même. C'est l'opinion partagée par tous ceux qui la visitent.*

Avez-vous devant votre porte un arbre isolé, des angles de murs ou des colonnes ?

✳ C'est souvent une question de proportions. Si l'angle de murs est loin ou petit, que les colonnes sont discrètes et que votre cabinet est grand, vous n'en serez pas gêné. Si les colonnes sont très grandes et que votre porte se trouve juste en face, vous en souffrirez véritablement.

Placez un miroir convexe au-dessus de votre porte d'entrée. Si le trottoir est grand, vous pouvez peut-être installer un grand bac de plantes qui fera tampon. Vous pourriez changer la place de la porte.

Avec ce superbe *ming tang, le hall de ce grand nom de la couture dégage une impression d'espace et de luxe.*

LE HALL D'ENTRÉE

Votre hall d'entrée est-il dégagé ? A-t-on une impression d'espace quand on pénètre dans vos bureaux ?

✳ Si la réponse est positive, bravo. Vous avez su créer ou conserver un *ming tang* qui laisse entrer tranquillement les énergies porteuses d'équilibre et d'harmonie pour qu'elles circulent de pièce en pièce.

N'hésitez pas à sacrifier un bel espace pour créer une grande entrée, même si la place vous est comptée. A grandeur égale, des locaux paraîtront toujours plus grands avec une entrée de belle taille. Le personnel se sentira moins à l'étroit et vos clients vous considéreront davantage. Tout le monde se sent bien quand les bonnes énergies déferlent sur l'entreprise.

Avez-vous un couloir en guise d'entrée ?

✳ C'est une entrée difficile. Elle comprime la chance et n'aide pas à la réalisation de vos aspirations. Ce passage étriqué est signe de restriction.

Si votre entrée prend la forme d'un couloir, vous pouvez installer une grande glace tout du long et sur un côté pour augmenter sa largeur. Mais ne l'installez pas en face de la porte d'entrée, vous feriez ressortir les énergies en les réfléchissant. Si vous n'avez pas de lumière naturelle, éclairez votre entrée en permanence. Utilisez des spots pluri-directionnels qui dirigeront la lumière vers le haut des murs pour élever le *qi*.

■ *Pierre avait beaucoup de contacts, beaucoup de promesses de signatures de contrats et ses commerciaux travaillaient d'arrache-pied. Cependant, rien ne se signait depuis un bon moment. Son entrée était tout en longueur et il avait remarqué que les visiteurs restaient debout sans vouloir s'asseoir sur le canapé destiné aux clients. Il a fait recouvrir un des murs d'un grand miroir sur toute la longueur et remplacé le canapé qui allongeait encore la pièce par des fauteuils et une petite table basse avec des revues. Maintenant, non seulement ses visiteurs s'assoient, mais ils signent les contrats. Son assistante, épuisée mais ravie, lui a dit : «Vous m'aviez prévenue que les travaux allaient faire bouger les affaires, mais je ne savais pas que cela irait aussi vite».*

Avez-vous bien éclairé votre hall d'entrée ?

✳ La lumière apporte une note *yang* qui est très bénéfique à l'entreprise.

Pensez à éclairer en permanence votre hall avec des lumières qui illuminent sans éblouir. Le mieux étant de faire appel à un éclairagiste. L'investissement sera payant. Vous aurez immédiatement de bien meilleures énergies. Si elles stagnent, les éclairages les élèveront. Si elles sont trop rapides, elles tournoieront autour de chaque lampe. N'oubliez pas de changer immédiatement toute ampoule grillée.

Y a-t-il des escalators dans votre hall ?

✳ Evitez de laisser la porte d'entrée en face d'escalators pour les mêmes raisons que les escaliers, en pire, puisque les escalators bougent sans cesse.

Evitez les escalators en X : ceux qui montent croisant ceux qui descendent. Et surtout, veillez à ce qu'il y ait, soit plus, soit le même nombre d'escalators qui montent afin de ne pas laisser s'échapper les profits.

Situé devant la porte *d'entrée, ce couloir a été pensé comme une rivière tout en courbes et méandres.*

■ *A Kuala-Lumpur, on peut assister à un conflit d'un nouveau genre. C'est une guerre entre deux centres commerciaux et leurs armes sont des remèdes de Feng Shui. Le centre commercial A, prospère, a vu, sur le trottoir d'en face, son concurrent B installer des escalators qui se croisaient en X juste devant sa porte. Et le centre commercial A s'est mis à péricliter. Pour se protéger, il a dirigé un vrai canon contre les escalators de B dont les affaires ont commencé à décliner. B a alors accroché un énorme miroir rond contre le canon. Les journaux se sont emparés de l'affaire et l'on peut toujours être le témoin de la guerre impitoyable que se livrent ces deux centres commerciaux par l'intermédiaire du Feng Shui.*

■ *Le Bon Marché, le grand magasin chic de la rive gauche parisienne, possède des escalators qui se croisent comme deux grands X. Ce croisement se fait cependant, dans un immense atrium, ce qui permet aux énergies difficiles de se trans-*

former en énergies tournoyantes et bénéfiques. Les Galeries Lafayette, autre grand magasin parisien (photo ci-dessous) , bénéficient d'une magnifique coupole qui vient d'être restaurée. Les énergies bénéfiques montent en tournoyant et participent à la prospérité de ce magasin. On n'insistera jamais assez sur

les bienfaits que procure un lieu bien dégagé.

Le bureau d'accueil de votre entreprise est-il situé en diagonale par rapport à la porte d'entrée ?

✳ C'est une excellente position qui permet à l'hôtesse de voir les personnes qui entrent sans être gênée par les très fortes énergies venant de la porte.

Si vous ne pouvez pas l'installer de cette façon, vous pourriez essayer de mettre le bureau d'accueil sur le côté. En tous cas, évitez de le mettre directement devant la porte. L'hôtesse se fatiguera beaucoup plus vite et ne gardera pas le sourire.

Quels éléments de décoration avez-vous fait disposer dans votre hall ? Des bacs de plantes ? De grands bouquets de fleurs toujours renouvelés sur le bureau d'accueil ? Une statue ou des tableaux d'artistes contemporains ? Un bassin ou une fontaine ?

✳ Tous ces éléments apportent des notes *yang* et en particulier l'eau, synonyme de richesses. Certains halls de grandes entreprises ont de très beaux bassins d'eau avec des plantes au milieu d'un grand atrium. L'effet bénéfique se répand dans tout l'immeuble. Placer de l'eau près de la porte d'entrée fait bénéficier toute l'entreprise de la promesse de prospérité. On voit également dans certains halls d'entreprise des artistes contemporains qui exposent des peintures hautes en couleurs ou de superbes sculptures.

Quelle que soit l'importance de votre entreprise, vous pouvez toujours la faire profiter de la présence de l'eau. Dans une entreprise de grande taille, n'hésitez pas à faire aménager un grand bassin avec des poissons et des plantes et peut-être une cascade. Si vous en avez le choix, placez ce bassin dans les secteurs sud-est, est et nord du hall qui sont particulièrement favorables pour recevoir l'eau. Evitez de mettre un point d'eau à droite de la porte en sortant si vous ne voulez pas que votre équipe masculine ne soit accusée de harcèlement sexuel. On dit que c'est une position de l'eau qui réveille des instincts primitifs chez les hommes. En ce qui concerne les œuvres d'art, elles doivent être de formes arrondies et avec des couleurs *yang*. Vous n'êtes pas dans

Porteur d'énergies *yang, un grand bouquet de fleurs aux couleurs chaleureuses, accueille les visiteurs.*

Produits de beauté *élégamment encadrés dans ce salon d'accueil : on peut montrer son savoir faire avec un humour raffiné.*

une galerie d'art. Il faut que les œuvres que vous exposez dans votre entreprise apportent des énergies vibrantes d'optimisme.

Avez-vous une fenêtre ou une porte claire dans le prolongement de la porte d'entrée ? Y-a-t-il une vue sur un jardin à l'arrière du bâtiment qui peut être aperçue en entrant ?

✳ Ce n'est pas un avantage. C'est l'arrière du bâtiment qui assure la protection. Il ne doit donc pas être ouvert dans le prolongement de la porte. Sinon, les énergies entreront par la porte et fileront droit à l'extérieur par cette ouverture, sans apporter leurs bienfaits au reste du bâtiment.

Il faut dissimuler cette ouverture, la faire disparaitre sous des panneaux, des parois ou une tenture de tissu qui l'isoleront de la façade. N'hésitez pas à cacher la jolie vue traversante.

Avez-vous pensé à mettre bien en évidence dans le hall des documents, des affiches, des publicités qui parlent de votre société ? Avez-vous une vitrine qui expose vos produits ?

✳ Il arrive parfois que, la porte passée, rien ne rappelle au visiteur dans quelle société il est entré. Il y a certes de beaux tableaux, des magazines pour patienter, mais rien qui ne concerne l'entreprise. Symboliquement, chaque fois que vous mettez votre sigle, vos modèles en évidence, vous montrez que vous êtes fier de vos produits et vous les faites vendre.

Mettez toujours en valeur votre société dans votre hall d'entrée. Avec le nom de l'entreprise, des photos de vos produits, de vos employés ou de vos usines, enfin de tout ce dont vous êtes le plus fier. Et parmi les magazines, doivent figurer ceux qui ont trait à votre métier. Sur le mur sud de votre hall, qui représente la célébrité, la reconnaissance, vous pouvez encadrer les articles qui ont paru dans la presse vous concernant. Parfois, il est bon d'encadrer l'historique de l'entreprise, les photos de la première usine, ou des membres fondateurs, ou encore les premiers modèles fabriqués.

LE BUREAU

Quand vous avez choisi pour vous le meilleur bureau, bien que vous soyez le responsable de votre équipe, en avez-vous éprouvé quelque remords par rapport aux autres ?

✳ Ne vous culpabilisez surtout pas. Vous avez fait le bon choix. Le responsable peut prendre le meilleur bureau. En choisissant le meilleur secteur pour attirer la prospérité jusqu'à vous, vous ferez profiter de votre chance à vos collaborateurs.

Le meilleur bureau sera une grande pièce, avec une belle vue, placée en diagonale éloignée de la porte d'entrée .

■ *Lionel a monté sa boîte à Lyon. Les locaux sont grands, mais comme il est très souvent en voyage d'affaires, il a préféré distribuer tous les bureaux à ses collaborateurs et utiliser la salle de réunion comme bureau pour lui. Quand il est là, il campe sur un coin de la grande table. Lionel n'arrivait pas à faire entendre son point de vue. En fait, il devait se charger lui-même de la prospection, ses collaborateurs n'étaient pas motivés. Un jour, il a décidé de transformer la grande cuisine du premier étage pour en faire son bureau. Le message est passé. Tous les employés se sont attelés à la prospection. Et Lionel a enfin trouvé le temps de se consacrer à la gestion et à la direction.*

Que voyez-vous comme paysage de votre fenêtre de bureau ?

✳ Chacune des vues que l'on peut apercevoir d'une fenêtre ressort d'un ou plusieurs éléments qui peuvent s'harmoniser ou se combattre. L'élément prépondérant aura à la longue une influence sur votre travail.

Reportez-vous page 36 dans le questionnaire de l'habitation. Vous trouverez l'élément que vous voyez de votre fenêtre et quelle est son influence sur votre travail.

La porte de votre bureau fait-elle face à un long couloir ?

✳ Les énergies qui circulent très vite le long de ce couloir sont brutalement arrêtées par votre porte. Cela en fait la cible de courants beaucoup trop forts.

Les énergies *bénéfiques entrent à flots par les baies largement ouvertes de ce bureau.*

Si vous en avez la possibilité, essayez de changer de bureau, car vous n'êtes pas là en bonne position. Sinon, gardez votre porte fermée en permanence. Devant la porte à l'extérieur, si l'on vous l'autorise, à l'intérieur sinon, placez un carillon pour ralentir le flot de *qi* et veillez à ce que le couloir soit toujours bien éclairé.

Y a-t-il une succession de portes de bureau qui se suivent dans un long couloir ? Et la vôtre en fait-elle partie ?

✳ Cette configuration peut entraîner des problèmes entre collègues, des dissentiments et des incompréhensions.

Si ces bureaux vous appartiennent, aménagez une séparation symbolique dans ce long couloir, comme une embrasure de porte avec ou sans sa porte. Et, pour ralentir le *qi*, éclairez bien ce corridor par des spots qui partent dans différentes directions.

Ce couloir vivement *éclairé compense sa longueur par une gaieté très yang.*

Travaillez-vous dans un bureau dont les parois sont en verre transparent ?

✳ Vous n'êtes protégé de nulle part et sous le feu permanent des regards, il vous est difficile de vous concentrer. Si cela vous est autorisé, vous pourriez placer une plante ou des posters derrière votre dos. N'oubliez pas que c'est une position qui vous affaiblit.

Si votre direction vous fait travailler dans un bureau de verre, demandez-lui d'en changer pour un plus discret et si cela vous est refusé, changez de job avant qu'on ne se passe de vous.

Magda est agent commercial dans un gros cabinet immobilier. Dès son arrivée, elle a appris que le personnel n'était pas très stable. Les affaires n'étaient pas brillantes non plus et l'atmosphère franchement invivable. Elle partageait avec trois collaboratrices un bureau tout en verre et entouré d'un couloir. Magda a demandé à changer de bureau. Ses collègues, restées dans la cage de verre, ont quitté le cabinet depuis belle lurette et leurs remplaçantes également. Magda est toujours là dans son petit bureau protecteur.

Votre bureau est-il situé près des toilettes, ou bien votre porte est-elle juste en face ?

✳ C'est vraiment dommage. Les énergies très *yin* des toilettes ne sont pas bonnes. Il est toujours souhaitable qu'elles soient le plus éloignées possible des bureaux.

Pouvez-vous peindre votre porte d'une couleur vive comme le rouge. C'est peu probable ? Alors veillez à garder votre porte fermée constamment. N'installez pas votre chaise contre le mur mitoyen des toilettes. Sur ce mur, placez un paysage de forêts qui absorbera symboliquement les eaux usées derrière. Et dès que vous en aurez l'opportunité, changez de bureau.

Avez-vous installé votre bureau tout près du hall d'accueil ?

✳ Vous allez en réalité perdre la vue d'ensemble de votre entreprise et vous laisser piéger par une foule de détails dans lesquels il est inutile que vous vous perdiez. Vous n'aurez plus la position dominante. La situation

Plutôt qu'un bureau *supplémentaire, installez dans votre hall un bar d'accueil comme sur cette photo.*

peut empirer si votre bureau est vitré. Sous le feu des regards, vous ne serez plus protégé.

Prenez un bureau moins exposé. N'oubliez pas que le Feng Shui doit pour l'essentiel permettre de se sentir protégé afin de s'harmoniser avec les énergies environnantes.

■ *Sylvana s'occupe des clients grands comptes dans une agence de voyages, ce qui lui prend beaucoup de temps. Quand elle occupait le bureau proche de l'entrée, ses collaborateurs avaient pris l'habitude, chaque fois qu'ils avaient un problème, de venir le lui soumettre et de s'en dégager auprès d'elle. Ce qui faisait qu'elle passait beaucoup de temps à résoudre des dossiers qui n'étaient pas les siens, et les clients grands comptes se plaignaient qu'elle n'était jamais disponible. Sylvana a pris un bureau situé au fond de l'agence. Très rapidement tout est rentré dans l'ordre : ses collaborateurs ne la dérangent plus.*

Etes-vous assis directement en face de la porte ?

✳ Celle-ci véhicule un grand flot de *qi* qui vous fatiguera si vous restez placé dans ce courant.

Changez votre bureau d'endroit afin d'être en diagonale par rapport à la porte.

Etes-vous assis avec la porte dans le dos ?

✳ Cette position dite du "siège éjectable" devrait être interdite dans les conventions collectives ! Dans cette position de grande instabilité, vous n'avez aucune protection.

Mettez votre chaise de l'autre côté de votre table de travail, ou changez de bureau, car il y a de grandes chances que l'on se passe de vous, ou que vous décidiez de quitter cette société. Il est essentiel d'avoir toujours dans le dos, un mur, une armoire, une cloison comme protection.

Dans votre bureau, travaillez-vous le dos à la fenêtre ?

✳ Là encore, vous n'avez pas de support. Votre dos n'est pas protégé par un mur plein, assurant la protection de la tortue noire. Vous risquez de ne pas être soutenu dans vos actions, de manquer de participants et d'aide dans vos projets. Certains collègues peuvent dire du mal de vous dans votre dos.

Changez votre bureau de place et mettez votre siège contre un mur. Mieux encore, mettez sur

A condition de ne pas *le placer dans votre dos, un aquarium dans le sud-est de votre bureau, vous apportera la prospérité.*

ce mur un tableau représentant un paysage de montagne pour renforcer votre sentiment de protection.

Avez-vous mis de l'eau derrière votre dos ?

✳ Pas de tableau représentant la mer ou des bateaux, des poissons, encore moins un aquarium ou une fontaine. Vous ne devez jamais avoir d'eau dans le dos. L'élément aquatique est très puissant. Il représente l'argent et placé au sud-est, il active ce secteur qui représente la prospérité. Mais si pour l'activer, vous devez placez l'eau derrière votre dos, oubliez ce projet. Dans le dos, l'eau symbolise les perfidies, la malchance, les occasions manquées et les vols de toute nature.

Placez toujours le point d'eau ou la représentation symbolique de l'eau devant ou sur les côtés.

■ *Bernard rencontrait de grosses difficultés dans son travail. Ses projets n'avançaient pas. Chaque année, il devait faire face à des défections dans sa clientèle, qui n'étaient pas compensées par l'arrivée de nouveaux clients et pourtant son entreprise d'imprimerie offrait d'excellentes prestations. Dans son bureau, devant ses yeux, il avait installé une grande vue aérienne en couleurs de la chaîne des Alpes italiennes et derrière lui, trônait le voilier de ses rêves, celui qu'il achèterait dès que les affaires reprendraient. En intervertissant les deux cadres, Bernard a également placé son bureau dans sa meilleure direction. Depuis, ses affaires ont repris. Pas assez pour acheter un voilier, mais suffisamment pour recommencer à espérer.*

Avez-vous installé votre bureau entre la porte et la fenêtre ?

✳ Vous vous trouvez placé directement dans le passage des énergies. Celles-ci pénètrent dans votre pièce par la porte. La plus grande partie ressort en ligne droite par la fenêtre, et une petite partie tournoie autour de la pièce, apportant un *qi* bienfaisant.

Eloignez-vous de cette trajectoire directe entre la porte et la fenêtre. Installez-vous dans un angle un peu plus protégé de la pièce. Il est aussi fatigant de recevoir trop d'énergies que d'en être tenu à l'écart. C'est encore une question d'équilibre entre le *yin* et le *yang*.

Votre bureau fait-il face à un autre bureau, vous exposant à être assis en face d'un collègue ?

✳ Ce face à face vous met en position d'agression. Même si vous vous entendez bien, les énergies de votre collègue vous importunent et vous l'importunez. La tension ainsi créée vous empêche de bien travailler l'un et l'autre.

Le mieux serait pour vous de vous installer côte à côte afin de ne pas vous gêner, quitte à prendre des tables plus petites. Au moins évitez que votre plan de travail ou votre ordinateur ne soient en face à face.

Quand vous préparez une conférence, un dossier important, avez-vous tendance à mettre tout au sol pour mieux organiser les différentes parties de votre travail ?

✳ En mettant ainsi des dossiers importants à terre, vous les placez au niveau de vos pieds, en dessous de votre taille. Pour les Asiatiques, il s'agit là d'un emplacement aux énergies basses, tout juste bon pour la corbeille à papiers. En plaçant par terre vos dossiers majeurs, vous risquez de les enjamber et de les décharger de leurs bonnes énergies.

Essayez de ne jamais plus mettre de dossiers par terre. Faites-en une habitude. Pour les mêmes raisons, les femmes ne devraient jamais laisser leur sac par terre.

■ *Adeline passait d'excellentes vacances en Thaïlande. Son mari et elle avaient loué une voiture avec chauffeur et sillonnaient le sud de plage en plage. Un soir qu'ils rentraient à l'hôtel, le chauffeur, si affable d'ordinaire, s'arrêta sur le côté de la route avec un air renfrogné. Renseignements pris, il expliqua dans un anglais approximatif qu'il ne pouvait plus avancer parce que Adeline s'était allongée sur la banquette arrière et qu'elle avait mis ses pieds sans le vouloir, dans la direction de la tête du chauffeur. Il s'était senti agressé. Les pieds sont une partie impure que l'on doit toujours garder au niveau du sol.*

On trouve dans certains bureaux des bibliothèques avec des rayonnages à moitié vides pour y placer des objets. Est-ce votre cas ?

✳ On dit que les dos de livres sont comme des lames de couteaux. Les bibliothèques dont les livres occupent les rayonnages en rangs serrés ou qui comportent des vitres perdent cet aspect et ne sont pas dangereuses. En revanche les étagères à moitié vides, surtout celles qui n'ont pas de côtés, ou qui font des avancées, émettent des énergies très négatives qui peuvent vous atteindre.

Une bonne solution est de mettre le plus de livres possible dans les rayonnages afin de ne pas laisser de vide, et mieux encore, d'installer des portes pour les fermer, en bois ou à défaut en verre.

Une bibliothèque *devrait toujours avoir des rayonnages bien pleins comme sur cette photo.*

Y a t-il un poteau, une colonne, un angle de mur ou de mobilier dirigé vers votre bureau ?

✳ Les angles dirigés vers votre bureau émettent des flèches secrètes et peuvent être responsables d'une fatigue excessive pour vous. Quelquefois, le bureau est installé derrière une colonne et les énergies peinent à vous atteindre.

Vous pouvez installer une plante entre l'angle et vous. Celle-ci vous protégera contre l'émission d'énergies négatives.Veillez à ce qu'elle soit en bonne santé. Et si elle dépérit, c'est qu'elle souffre pour vous de l'émission de *sha qi*. Changez-la,

Une colonne ronde *entourée de courbes et de volutes. Les énergies circulent en méandres bénéfiques pour toute l'entreprise.*

même si cela implique de le faire tous les trois mois. Quand vous êtes derrière une colonne, il y n'y a pas grand chose à faire, sinon à changer de place. En attendant, une bonne lampe sur votre bureau ainsi qu'un cristal de roche activeront les énergies *yang*.

■ *Sylvie vient de prendre de nouvelles responsabilités dans son agence de pub et elle a emménagé dans un bureau double avec deux grandes baies vitrées séparées par un angle saillant. Elle a installé sa grande table de travail juste au milieu de la pièce le dos aux fenêtres, avec l'angle agressif dirigé très exactement sur son fauteuil. Les mois qui ont suivi ont été éprouvants. Quoique son travail ait été très apprécié à l'extérieur, elle n'a pas manqué d'être en butte avec les tracasseries de la hiérarchie et surtout elle a terriblement souffert du dos, courant les ostéopathes. Lorsqu'elle a décidé de placer sa table en biais pour ne plus avoir les fenêtres et l'angle dans le dos, les choses ont commencé à évoluer petit à petit. Aujourd'hui Sylvie a un poste sur mesure, tout aussi important et encore plus créatif, comme elle le désirait.*

Votre bureau a-t-il une vue bouchée ? Vos fenêtres donnent-elles sur une cour très triste, sur un grand mur gris ? Est-ce un bureau sans fenêtre ?

✳ Les énergies auront des difficultés à parvenir jusqu'à vous. Vous serez défavorisé surtout si vous passez beaucoup de temps dans votre bureau.

Les éclairages devront être particulièrement soignés. On peut installer de fausses fenêtres avec rideaux et éclairage le long des tringles. Couplé avec une très bonne ventilation, cela améliore énormément le *qi* ambiant.

Quelle est la proportion de fenêtres dans votre bureau par rapport à votre porte et à vos murs ?

✳ Trop de surface de fenêtres par rapport aux murs est un facteur de déséquilibre. Dans le rapport fenêtres-portes, le maximum est de une porte pour trois fenêtres. Pour s'accumuler, les énergies ont besoin d'un minimum de fermetures. Si vous avez trop de surfaces vitrées, les énergies ne resteront pas dans votre pièce.

N'hésitez pas à recouvrir vos fenêtres d'épais rideaux pour vous protéger d'un excès d'ouvertures.

Avez-vous comme ouverture une grande baie vitrée donnant sur l'ouest ou le nord-ouest ?

✳ En été, vous recevez les rayons ardents du soleil jusqu'au soir. Ce sont les rayons les plus chauds et les plus incommodants. Vous grillez littéralement sur place.

Un cristal à facettes suspendu au-dessus la fenêtre apportera un peu de réconfort en décomposant le prisme de la lumière mais il ne vous empêchera pas de griller. La meilleure solution sera d'installer l'air conditionné dans les bureaux situés à l'ouest et au nord-ouest. Aux fenêtres, vous pourrez mettre des stores, d'épais rideaux qui filtreront en été le soleil de plomb.

Avez-vous l'intention pour gagner de la place d'installer des bureaux paysagers dans votre entreprise ?

Catalyseur d'énergies, *un cristal placé devant une fenêtre adoucit une lumière trop intense à l'ouest.*

✳ Les bureaux paysagers présentent un certain nombre de problèmes pour le Feng Shui. Ils enferment le personnel dans des petites alvéoles avec pour seul horizon un mur généralement gris et proche. Il est souvent impossible de s'asseoir autrement qu'avec une ouverture dans le dos. Heureusement, ce type de bureaux est de plus en plus abandonné en faveur d'installations plus naturelles, ponctuées de plantes et de demi-cloisons, quand il ne s'agit pas de véritables pièces. On s'est aperçu que le travail était fait de manière plus efficace dans ces lieux plus protégés que dans les bureaux ouverts.

Dans un bureau paysager, essayez de ne pas avoir le dos à la porte. Mettez un cristal de roche sur votre table de travail et faites de la méditation ou du yoga le matin pour vous structurer intérieurement. N'oubliez pas que les yogi peuvent vivre n'importe où.

Vos bureaux ont-ils été aménagés selon une ergonomie si stricte qu'aucune fantaisie ne vient déranger cette belle ordonnance glacée ?

✳ Les bureaux dont on ne peut pas ouvrir les fenêtres, ceux qui sont de couleurs tristes, ceux qui sont uniformes du premier au dernier étage, sont sans vie, donc trop *yin*.

Il est relativement facile de corriger ce défaut en accrochant des tableaux de couleurs vives aux murs, en choisissant des accessoires de bureaux de toutes les couleurs acidulées. Si vous n'avez pas de pouvoir décisionnaire, il vous reste à mettre des vêtements de couleurs *yang* comme le rouge, le blanc, qui apportent un élément de gaité.

■ *Gérard ne comprend toujours pas. Il est enseignant dans un centre de rééducation psychomotrice pour enfants. Autrefois, ses collègues et lui-même travaillaient dans des locaux à la limite de l'insalubre avec des salles complètement inadaptées. Mais l'ambiance était bonne, il était content de son travail et obtenait de très bons résultats. Maintenant, depuis qu'ils ont déménagé dans de nouveaux locaux flambant neufs, rien ne va plus. L'ambiance est cassée, tout le monde grogne. Les élèves abandonnent en milieu d'année. Les nouveaux locaux sont très fonctionnels, trop même, il n'y a plus de couleurs, tout est blanc et vert foncé. Chaque étage est pareil et les salles sont toutes de la même taille. Finalement, le hall a été décoré de couleurs vives. Sur les murs on a encadré davan-*

tage de dessins d'enfants et les élèves ont fait un concours pour la décoration de la cantine. Un élève a réalisé une fresque très belle. L'ambiance est devenue bien meilleure.

Avez-vous transformé votre entreprise en tableau de Matisse, en plus coloré ?

✳ C'est une nouvelle tendance qui est à encourager. Tous les bureaux sont joyeusement arrangés dans des coloris très gais. Le plafond, les murs, le sol et les lambris sont peints dans des couleurs différentes et vives.

Si vous avez l'intention de faire repeindre murs et sols de votre bureau de couleurs vives, attention de ne pas utiliser des couleurs qui représentent des éléments qui s'agressent, (voir page 16) ou si c'est le cas, il faudra ajouter une troisième couleur qui représentera l'élément tampon. Evitez aussi de mettre du bleu au plafond : l'eau au-dessus de la tête symbolise un danger.

■ *Toujours très dynamique, Ariane dirige une entreprise de relations publiques. Dans ses bureaux au rez-de-chaussée un peu sombre d'une avenue parisienne élégante, elle a, fort intelligemment, fait peindre toutes les pièces de couleurs vives, à la manière de Tricia Guild. Toute l'équipe est ravie et les affaires marchent très bien. Seuls deux bureaux sont boudés. Et quand on y place quelqu'un, soit il demande à être installé ailleurs, soit il démissionne. En réalité, ces deux bureaux sont peints dans des couleurs qui s'agressent et dans l'un d'eux, le plafond bleu marine ajoute encore au malaise ambiant. Dès que le plafond a été repeint en blanc, et que l'on a changé le coloris des murs en les harmonisant, tout est rentré dans l'ordre.*

Avez-vous placé votre bureau de telle manière que vous soyez assis face à votre meilleure direction, votre *sheng qi* ?

✳ Si, tout en respectant la bonne disposition du bureau par rapport à la fenêtre et à la porte, vous avez pu vous asseoir dans votre meilleure direction, vous serez très avantagé. C'est la direction de la prospérité et de la réussite, sans doute parce que dans cette direction, votre trigramme personnel, l'antenne qui est en vous, capte clairement les choses. Vous vous fatiguez donc moins et êtes plus disposé à saisir les chances qui se présentent.

Recouverts de tissu *rouge, ces fauteuils apportent une note tonique très yang dans un univers feutré.*

Regardez page 21 comment calculer votre trigramme personnel. Et arrangez-vous pour vous asseoir en regardant dans votre meilleure direction, votre *sheng qi*, celle qui représente la prospérité et qui est la plus importante dans les affaires.

■ *Avocate d'affaires, Irène connaissait sa meilleure direction, son sheng chi, mais elle n'avait pas cherché à mettre son bureau dans cette direction. Puis, un jour, davantage poussée par une recherche de gain de place que d'amélioration de Feng Shui, elle se décida à le faire. Tout d'un coup, le téléphone se mit à sonner et les nouvelles propositions affluèrent. Irène était très étonnée. C'était comme si les opportunités avaient attendu à la porte qu'elle change son bureau de place. Maintenant, elle fait toujours très attention à sa bonne direction quand elle s'asseoit pour négocier un contrat.*

Y a-t-il une poutre au-dessus de votre table de travail?

✳ Vous êtes mal installé. Les énergies qui circulent de pièce en pièce se heurtent contre cette poutre et pèsent sur votre tête. Ce phénomène risque également de se reproduire d'étage en étage.Vous êtes placé à un endroit de rupture de force des énergies.

Le bon remède est de changer votre table de place. Aucune solution ne sera efficace si vous restez toute la journée à cet endroit. Si vous n'y travaillez pas en permanence, vous pouvez y installer des spots dirigés dans toutes les directions qui apporteront leurs énergies.

Dans votre bureau, avez-vous prévu de mettre en valeur vos diplômes, les coupes que vous avez gagnées, toutes les victoires que vous avez remportées dans le cadre de vos activités et dont vous êtes fier ?

✳ Le mur sud représente la renommée, la bonne réputation, le mur nord la carrière, et le mur nord-ouest les gens qui aident, les mentors.Il est recommandé d'installer tout ce qui fait la fierté de votre entreprise dans le sud. Accrochez vos diplômes au nord. Au nord-ouest, vous pourriez placer la photo de votre banque de crédit.

Travaillez vous dans un bureau entouré de nombreux ordinateurs ?

✳ Pour les Chinois, les ordinateurs sont des éléments *yang* et positifs de notre vie au bureau. Cependant, parce qu'ils sont assimilés à l'élément métal pour l'ordinateur et à l'élément eau pour le logiciel, il est préférable de les installer dans des bureaux aux tons gris bleutés qui s'apparentent à l'eau, et d'éviter le jaune et le rouge qui représentent les éléments terre et feu qui sont en disharmonie avec l'eau.

Il est bon, quand on travaille beaucoup sur ordinateur, de placer près de l'écran une tourmaline noire. C'est une pierre qui a la propriété d'absorber les rayons nocifs.

Avez-vous récupéré du mobilier de bureau dans les ventes de sociétés en faillite ?

✳ On dit que les énergies difficiles s'accrochent aux meubles et qu'il vaut mieux éviter de racheter du mobilier venant de sociétés en perdition.

Achetez du mobilier venant de sociétés qui cherchent à s'agrandir ou à se moderniser. Ou bien allez chez Ikéa qui applique les règles du Feng Shui dans ses magasins.

Votre mobilier est-il de forme douce et arrondie ?

✳ On trouve de plus en plus de mobilier avec des formes arrondies. Et maintenant plusieurs personnes peuvent travailler dans un même bureau sans se gêner ni s'agresser avec les pointes de leur table de travail.

Si votre mobilier comporte des pointes agressives, changez-le. L'atmosphère de votre bureau s'harmonisera en conséquence.

LA SALLE DE CONFÉRENCE L'AUDITORIUM

La forme harmonieuse *d'une table ovale facilite la bonne entente entre les membres d'une équipe.*

Votre entreprise a-t-elle une grande salle de conférence avec une belle vue ? Possède-t-elle de bons éclairages et des tableaux agréables à regarder aux murs ?

✳ C'est un point important en faveur de votre société. En effet, c'est là que se traitent beaucoup d'affaires, que se signent les gros contrats. Vos réunions seront plus harmonieuses si la pièce l'est.

Si vous avez répondu oui à la question, vous avez des réunions positives et efficaces.

Votre table de conférence est-elle en U pour faciliter la vue de la projection des diapositives ou des transparents ?

✳ La forme en U n'est pas positive. Les personnes qui sont placées en bout se sentent en dehors de la conférence, et celles qui sont placées au milieu ont un vide en face d'elles.

N'écoutez pas les personnes qui vous conseillent de mettre la table de réunion en U sous prétexte que tout le monde aura une meilleure vision des éléments projetés. Il vaut mieux déplacer son siège et garder une forme ovale ou rectangulaire - mais pas trop allongée - à la table de conférence.

Le DRH de cette grande entreprise de produits de luxe s'arrachait les cheveux. Les réunions des commerciaux avaient lieu dans une très belle pièce haute de plafond et donnant sur un jardin. Cependant, les participants avaient toujours envie d'y rester le moins possible. Cela donnait des réunions écourtées d'où rien de positif ne sortait. Les tables étaient arrangées en forme de U avec le rétro-projecteur au centre. Quand il a obtenu du siège une splendide table ovale, la première réunion a duré 3 heures ! Personne ne s'est endormi, ou n'a cherché à s'éclipser avant la fin.

Prêtez-vous attention à l'emplacement où vous prenez place à la table de conférence?
✳ Il existe toujours ce que l'on appelle la place du dominant. Si vous laissez quelqu'un s'y asseoir, c'est lui qui dominera la séance.

Si vous le pouvez n'oubliez pas de vous mettre dans la position dominante : mur derrière vous, porte en diagonale devant vous et fenêtre sur le côté. Une fois que vous aurez établi ces repères, regardez si vous pouvez vous asseoir dans une de vos bonnes directions (voir comment trouver son *kua* page 21). Même si un de vos collaborateurs a l'habitude de s'asseoir à cet endroit, n'hésitez pas à récupérer votre place.

LE LOGO DE L'ENTREPRISE

Votre enseigne est-elle placée d'une façon bien visible sur votre immeuble ?
✳ L'enseigne est très importante. Elle symbolise votre entreprise. La façon dont vous la placez influencera donc directement vos affaires.

N'hésitez pas à la mettre en valeur. Ne la faites pas accrocher trop bas afin qu'elle ne soit pas en contact avec les énergies basses négatives. Si l'immeuble est de belle taille, vous pourriez également placer une enseigne assez haut pour être visible de loin, ou

Mettre son nom *en bonne place élève les énergies de l'entreprise.*

Pensez-vous changer le grand paillasson de votre porte d'entrée pour un autre qui arborerait fièrement votre logo ?
✳ Quand les visiteurs fouleront du pied le sigle de votre entreprise, c'est votre entreprise qui recevra ces énergies négatives. On ne doit jamais installer le nom de son entreprise en dessous du nombril.

Pas de logo de votre entreprise sur votre paillasson. Pas de moquette aux initiales de votre entreprise.

Un logo avec des flèches, des triangles figure-t-il sur vos cartes de visite ?
✳ Les flèches et triangles sont des forces très fortes qui peuvent se retourner contre celui qui les emploie. Aucun angle aigu ne doit se trouver dirigé vers le nom de votre société, comme cela se voit parfois, encore moins une flèche.

Choisissez de préférence un logo plus harmonieux. Si votre petite entreprise grossit suffisamment pour devenir une grosse multinationale, le logo dynamique risque fort de passer pour de l'agression auprès de vos concurrents.

Avez-vous entouré votre logo d'un cercle ou d'un carré quand celui-ci représente un animal ou un petit personnage ?

Quelques objets *personnels sur votre bureau vous apporteront des influx positifs.*

✳ Attention à ne pas donner l'impression de le mettre en cage, de symboliquement le brider.

Essayez de toujours garder vos animaux ou vos personnages bien dégagés (comme le crocodile de Lacoste).

Avez-vous disposé sur votre bureau les photos de votre femme et de vos enfants, avec vos deux chiens ? Avez-vous installé une plante dans un coin, accroché un tableau au mur ?

✳ On a remarqué qu'un collaborateur qui s'investit dans sa société aura d'autant plus l'envie de s'entourer d'objets personnels sur son bureau qui lui apporteront des influx positifs.

La plante, le tableau et surtout les photos de ceux que vous chérissez personnalisent votre bureau et vous entourent de leurs énergies bénéfiques. Choisissez avec soin les objets que vous mettrez sur votre bureau et en fonction de leurs énergies positives.

TRAVAILLER CHEZ SOI

Au point de vue du Feng Shui, il faut s'en tenir à une recherche de séparation des énergies de travail et de vie de famille.

Avez-vous installé votre bureau dans un coin de votre chambre ?

✳ Il s'agit là d'énergies différentes. Si les dernières choses que vous apercevez avant de vous endormir sont les dossiers qui vous restent à traiter, vous aurez des difficultés à vivre la vie privée ou la vie de couple dont vous avez besoin en dehors de vos activités professionnelles.

Si la chambre est grande et que le bureau a été installé dans un coin de la pièce, il faut chercher à la partager visuellement par une cloison, ou bien par un paravent. Sinon, laissez au moins autour du lit un espace vide pour ne pas avoir l'impression de dormir au bureau.

Marie, danseuse, se plaignait que sa vie de couple était inexistante. Dans sa chambre, elle avait installé sa table de travail, ses enregistrements et vidéos et elle y dormait dans un canapé-lit qu'elle ouvrait le soir. Comme elle avait besoin de plus de place pour ses affaires professionnelles, elle songeait à ajouter un autre meuble de rangement. Il était, au contraire, nécessaire de recréer une vraie chambre avec un grand lit et de mettre son bureau ailleurs. Je lui ai conseillé de récupérer une petite pièce sur l'espace cuisine qui était beaucoup plus grand, pour libérer sa chambre.

Sous le prétexte que le visiophone n'est pas encore au point, traînez-vous toute la journée en

robe de chambre quand vous travaillez ?

✳ L'habit fait le moine. Vous vous sentirez beaucoup plus pro si vous êtes habillé comme un pro et votre interlocuteur le sentira à votre voix.

Travailler chez soi permet d'éviter le carcan du costume-cravate et du tailleur-escarpins. Mais porter des vêtements confortables et décontractés ne veut pas dire traîner toute la journée dans un vieux survêtement informe.

Avez-vous organisé votre vie professionnelle en fonction des nouvelles technologies ?

✳ Les nouvelles technologies permettent de se relier à tous les bureaux, toutes les places boursières de la planète. Il n'est plus nécessaire d'habiter une capitale pour être en relation avec le monde entier.

La nouvelle tendance s'inscrit tout-à-fait dans l'esprit chinois : on adopte la voie du modernisme, tout en continuant d'appliquer les principes des sciences très anciennes. On cherche à privilégier la vie calme et tranquille que l'on peut mener dans une maison de campagne dont on a refait la décoration en suivant les préceptes du Feng Shui, et on s'équipe en informatique, internet et scanner, pour y travailler la moitié du temps.

Pendant les heures que vous souhaitez consacrer à votre travail, laissez-vous vos enfants vous envahir, vos amis et copines vous téléphoner et acceptez-vous de dépanner un collègue ou votre voisin ?

✳ Quand on travaille chez soi, il est nécessaire d'être extrêmement rigoureux et de ne pas céder à la facilité en rognant sur les heures que l'on voulait consacrer à ses activités professionnelles.

Tenez-vous à vos horaires et n'oubliez pas de séparer le plus possible les énergies de votre travail.

Avez-vous installé votre bureau dans une pièce de la maison avec la salle d'attente de préférence près de l'entrée pour ne gêner en rien la vie familiale quand vous recevez des visiteurs ?

✳ Beaucoup de professions libérales sont organisées pour avoir dans un même lieu le travail et le domicile. Pour certaines professions aux horaires tellement surchargés, c'est l'économie d'un trajet qui leur permet de rester en contact avec leur famille et de déjeuner avec elle.

C'est la solution idéale quand on a imposé une organisation qui commence par une bonne séparation des deux occupations et donc d'énergies si différentes.

CONCLUSION

Que penser de tous ces conseils ?
Peut-on réellement adapter ces préceptes au nom exotique à notre environnement occidental ?
Au delà des modes et de cette asiamania qui s'est emparée de nous, y a-t-il une sagesse à recueillir ?
Voici des principes dont la portée est universelle et qui découlent d'observations de bon sens, vérifiées pendant des milliers d'années. Certaines pratiques peuvent nous apparaître entachées de superstitions. Mais là encore ne nous hâtons pas de juger. Les superstitions, n'est-ce pas souvent tout ce qui reste de savoirs perdus ? On observe parfois des pratiques dont on a totalement oublié le sens.
"Passer sous une échelle porte malheur", dit-on. D'aucuns s'accordent à penser qu'il s'agit là d'une lointaine réminiscence d'un savoir transmis par les Egyptiens. Ils avaient découvert la force du triangle et considéraient que sa forme divine ne convenait pas aux hommes qui devaient l'éviter. Les Chinois disent exactement la même chose.
Principes universels, les règles du Feng Shui ont été spontanément utilisées par plusieurs grands bâtisseurs. Ouvrez les yeux et observez.
Dans certaines de nos villes historiques, des maîtres d'œuvre, des architectes célèbres ont conçu des ouvrages en parfaite harmonie avec les règles du Feng Shui.

Le château de Versailles en est un bon exemple. Devant la façade principale s'étend un parc ponctué de bassins, de fontaines, de parterres en buis arrondis. L'ensemble descend en pente douce. Avec ses lustres et ses miroirs, la galerie des glaces, offrait au Roi-Soleil, une énergie exceptionnelle. Il suffit de traverser cette grande salle par une belle journée ensoleillée pour ressentir la force *yang* que dégage cet ensemble édifié par l'architecte Jules Hardouin Mansart.
C'est ce même architecte qui a réalisé la place Vendôme, modèle d'équilibre et d'harmonie de forme octogonale. Quand on sait que cette figure géométrique est la plus bénéfique pour présenter des bijoux, on ne peut rêver plus bel écrin pour s'installer comme joaillier sur cette célèbre place !

Le décorateur Jacques Garcia a habité l'hôtel particulier de Jules Hardouin Mansart situé dans le

Marais à Paris. L'architecte, explique-t-il, a attendu que le vieux rabbin construise la synagogue rue Pastourelle pour acheter les terrains juste en face. C'est là qu'il a fait construire sa demeure. Ce vieux rabbin avait la connaissance des lieux aux énergies favorables et Jules Hardouin Mansart savait combien les énergies de la terre agissent sur la vie des hommes.

Car tout est lié : le mouvement continuel de nos cellules rejoint le mouvement incessant de la Terre et du Soleil. Mais nous oublions trop souvent que le corps fait partie de la nature et entretient des liens étroits avec celle qui le porte. Pour les Chinois, l'énergie est un tout qui n'explique pas seulement la marche des astres et les cycles de la vie, mais qui régit aussi la santé des organes et l'alimentation au fil des saisons.

Les couleurs, les saveurs, les énergies se répondent. Ce qui frappe dans l'art de vivre chinois c'est l'unité des systèmes. Astrologie, médecine, nutrition, environnement, tout se rejoint. Les saisons au nombre de cinq, les quatre points cardinaux auxquels s'ajoute le centre, les cinq saveurs, les cinq couleurs et leurs énergies se répondent. Et les médecins chinois qu'on appelle les sages hommes, ont besoin de la date de naissance de leurs patients pour les soigner selon leurs éléments. Depuis plus de 6 000 ans, les Chinois savent équilibrer les forces vitales du corps en travaillant par les aiguilles certains points précis qui jouent le rôle d'écluses dans la circulation énergétique. Lorsque toxines ou dépôts font barrage et bouchent les flux énergétiques, l'acupuncture rééquilibre le passage des énergies. La pratique du *qi qong*, cet art martial tiré d'un traité taoiste de la Chine ancienne qui enseigne la circulation des énergies dans le corps est de plus en plus répandue en Europe. En travaillant dehors, ses adeptes se sont rendus compte qu'ils rééquilibraient encore davantage leurs forces physiques autant qu'émotionnelles. Ils ne font que capter là les forces qui proviennent du ciel et de la terre.

Quoi d'étonnant à ce que la canalisation de cette énergie à l'extérieur et à l'intérieur de la maison ait été l'objet de règles codifiées afin d'en recueillir tous les bienfaits. En consignant les règles de la

géomancie, les Chinois n'ont fait que réunir ce qui ne peut être désuni : l'homme et son environnement.

Catastrophes écologiques, inondations, tempêtes, jamais nous n'avons autant ressenti la force de notre planète terre comme ces temps derniers. Une force qu'en Occident, les habitants des villes ont désappris à reconnaître et à respecter. A toutes les époques pourtant, et sur tous les continents, les hommes ont su, par instinct autant que par observation, écouter les leçons de la nature, tirer parti de ses bienfaits et éviter de la blesser.

On raconte qu'on fit venir un sage dans un village asiatique accablé par une terrible sécheresse. Il demanda seulement qu'on le laisse en paix, à l'écart dans une petite cabane, et au bout de trois jours, il commença à neiger. "Par ma concentration je n'ai fait qu'installer un peu de calme et d'harmonie dans ce village et le reste a suivi", expliqua le vieil homme. On peut se demander si aujourd'hui la plupart des gens ne souffrent pas d'un manque d'harmonie autour d'eux. Cela expliquerait la grande attirance rencontrée par le Feng Shui dans toute l'Europe et en France en particulier. Comment justifier le succès d'un art ésotérique dans la patrie des cartésiens sinon par le pressentiment d'une cohésion dans les systèmes qui nous régissent et non d'une séparation entre rationnel et irrationnel.

Se relier à nos racines profondes

En refusant de sortir de notre organisation mentale rationnelle et rigoureuse, nous nous privons en Occident de tout ce qui est informel. Et nous perdons la possibilité de nous relier à nos racines profondes, à notre environnement cosmique. Pour les Orientaux qui trouvent leurs règles dans la globalité, l'irrationnel a sa raison d'être, la multitude des messages qui nous parviennent - formes, couleurs, symbolismes, etc. - n'a rien d'anormal, elle ne fait qu'apporter des moyens supplémentaires de compréhension. Pas seulement visuels, auditifs, ou tactiles mais provenant également de l'intuition, de l'observation des symboles, des ondes ou des vibrations.

Notre médecine occidentale cherche la guérison à l'extérieur de l'homme, par l'apaisement de symptômes dérangeants. En Orient la médecine traditionnelle ne sépare pas la thérapeutique des autres aspects de la vie. Un malade ne souffre pas d'un désordre organique mais d'un manque d'harmonisation dans son environnement. En cherchant la guérison par un meilleur équilibre des énergies désorganisées, le médecin permet ainsi au malade de s'interroger sur le langage de sa maladie. Le point de départ de l'acupuncture est en effet philosophique et cosmique.

Si la guérison d'un malade s'obtient par le rétablissement d'un équilibre dans son environnement interne, le Feng Shui intervient dans la réharmonisation des énergies externes. Et cet art permet à chacun d'intervenir au quotidien sur la

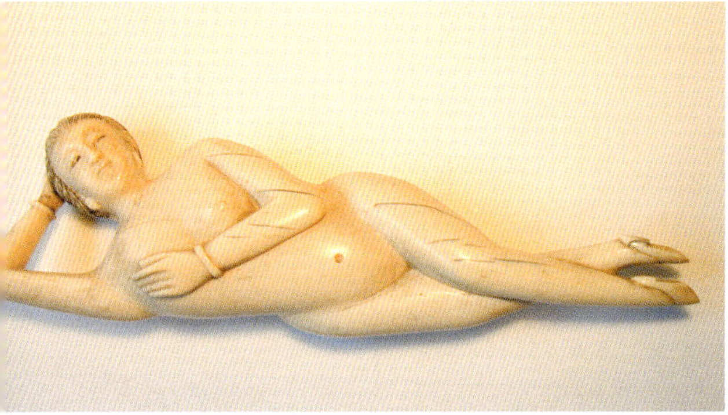

Avec cette statuette
la patiente chinoise indiquait à son médecin les endroits où elle souffrait, sans se dévêtir.

transformation de sa vie. De même qu'en Chine le malade peut s'interroger sur le sens de sa maladie, on peut dire que le Feng Shui est une réflexion sur la vie qu'on veut se donner.
En superposant le carré magique *luo shu* au plan de l'appartement ou de la maison, on sait quelles aspirations sont manquantes. Une façon de s'interroger sur l'équilibre de notre vie entre rythme professionnel trépidant et amour, famille, enfants, amis. Une façon de se demander si l'on veut changer certaines choses et s'en donner les moyens.
Il est important de s'interroger sur ce qui résonne en nous, ce qui fait sens. Le Feng Shui qui nous arrive de si loin et depuis si longtemps par les moyens modernes de communication et de vulgarisation, conférence, livres, sites internet, etc. est forcément simplifié. Qu'il ait perdu de sa sagesse originelle en s'adaptant à notre caractère occidental est indéniable. Mais il porte toujours en lui de quoi nous faire progresser si cela a une signification pour nous. Car ce sont les manques que nous ressentons qui nous font avancer. En cela cet art d'harmonie peut nous aider à cheminer.

Est-ce à dire que le Feng Shui peut résoudre tous nos problèmes ? Certes non. De même qu'il serait difficile dans une maison, un appartement un bureau de prétendre atteindre un Feng Shui parfait. Cet art, source d'équilibre ne peut être matière à nouvelles préoccupations, parce qu'on prend conscience des défauts, des carences de notre environnement. Mais comme une main tendue quand la vie est dure, une aide peut se mettre en place pour alléger une existence ou un passage difficile parce qu'on aura modifié une disposition ou apporté un remède à une mauvaise circulation d'énergies.
Le Feng Shui joue également comme une véritable thérapie, nous obligeant à nous interroger sur la valeur affective que nous donnons aux objets qui nous entourent et sur notre enracinement dans le présent ou dans le révolu
A l'aube du 3e millénaire, puisse cet art de l'harmonie qu'est le Feng Shui nous aider à évoluer vers plus de sagesse et de maturité.

GLOSSAIRE

La transcription des idéogrammes chinois dans cet ouvrage est faite en pinyin. C'est la transcription adoptée par la Chine Populaire, même si les Chinois de la diaspora préfèrent garder l'ancienne transcription, le système Wade qui lui est quelquefois juxtaposé. Mais si l'écriture diffère entre l'ancienne transcription et la nouvelle, la prononciation reste identique.

BA GUA *ou pa kua*
Octogone indiquant les huit directions de la boussole symbolisées par les huit trigrammes du Yi Jing. Cette forme est considérée comme très bénéfique par les Chinois et peut être reprise pour les tables, les objets ou les pièces d'une maison. Le ba gua du ciel antérieur est une protection à mettre à l'extérieur de la maison. Le ba gua du ciel postérieur est un instrument pour trouver le bon Feng Shui des habitations.

JUE MING *ou chueh ming*
C'est la pire des directions. Ne jamais dormir, ne pas travailler dans la direction de son *jue ming*. Rien de bon n'arrivera dans cette orientation.

DUI *ou tui*
Le trigramme qui représente la direction de l'ouest et le chiffre 7. C'est le lac, la joie et la benjamine. Il symbolise les enfants.

FU WEI
Quatrième bonne direction de notre kua, elle représente le bonheur tranquille et peut favoriser la concentration dans les études. Elle est donc très bénéfique pour les enfants et les étudiants. On installera leur bureau en face de cette quatrième bonne direction, ou on orientera leur lit, de façon à

ce que le sommet de leur tête soit dirigé vers celle-ci.

GEN *ou ken*
Ce trigramme représente la direction du nord-est et le chiffre 8. C'est la montagne, l'immobile, le benjamin. Il symbolise l'éducation, l'élévation spirituelle.

GUAN YIN *ou kuan yin*
La déesse de la compassion. Les Occidentaux qui souhaitent avoir chez eux un dieu chinois et qui ne savent pas très bien comment l'installer, peuvent acquérir une statuette de Guan Yin. Elle sera certainement indulgente envers eux si elle n'est pas au bon endroit !

HEXAGRAMMES
Les 8 trigrammes du *ba gua* en s'additionnant deux à deux, deviennent les 64 hexagrammes qui sont consignés dans le livre du Yi Jing. Ces hexagrammes sont assortis de textes et de commentaires qui donnent lieu à des interprétations philosophiques et divinatoires.

HUO HAI *ou ho hai*
La quatrième mauvaise direction en fonction de notre trigramme personnel . La moins mauvaise. A éviter toutefois.

KAN
Ce trigramme représente la direction du nord et le

chiffre 1. C'est l'eau, l'insondable, le fils cadet. Il symbolise la carrière.

KUA (voir Trigramme personnel).

KUN
Le trigramme qui représente la direction du sud-ouest et le chiffre 2. C'est la grande terre, la mère. Il représente le couple et le bonheur conjugal.

LI
Le trigramme qui représente la direction du sud et le chiffre 9. C'est le feu, la fille cadette. Il symbolise la renommée.

LIU SHA *ou lui sha*
La deuxième pire direction en fonction de notre trigramme personnel, juste après *Jue ming*. A éviter également, car ses énergies sont tout à fait contraires à nos propres énergies.

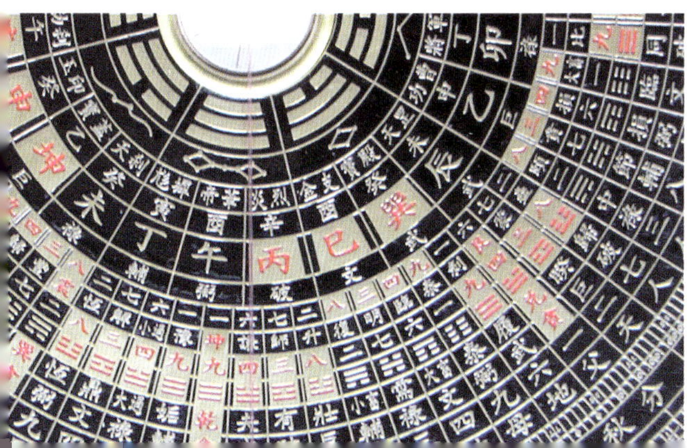

LUO PAN
Boussole du maître de Feng Shui. Cet appareil complexe, constitué de 24 cercles et d'une petite boussole au centre est utilisé pour déterminer les bonnes directions d'une habitation aussi bien que la meilleure location d'une tombe. Il peut contenir d'autres formules que certains maîtres chinois y font graver et qu'ils gardent secrètes. Il est plus facile de travailler avec une bonne boussole occidentale comme celle des scouts.

LUO SHU
Carré de neuf chiffres placés en grille de trois chiffres sur trois. La légende raconte qu'il se trouvait gravé sur le dos d'une tortue géante qui sortit de la rivière Luo sous les yeux du duc de Chou. On l'appelle carré magique parce que quelle que soit la façon dont on additionne la grille, on trouve toujours le chiffre 15. L'emplacement des chiffres est fondé sur la disposition des chiffres du *ba gua* du ciel postérieur qui correspondrait à la façon dont les énergies circulent sur terre. On place le *luo shu* sur le plan de l'habitation, de l'entreprise ou de tout autre lieu géographique qui indique la qualité des énergies par rapport à la position donnée.

MING TANG
Emplacement dégagé devant une porte d'entrée ou au centre d'une pièce. Cet espace très bénéfique permet aux énergies de se rassembler et d'évoluer en larges méandres, créant beaucoup de *sheng qi*. Il est donc très important de se ménager un *ming tang* devant sa porte et au centre de son lieu d'habitation ou de travail.

NIAN YAN *ou nien yen*
La troisième bonne direction de notre trigramme personnel. Elle symbolise la bonne entente du couple et le bonheur conjugal. Il est très bénéfique lorsqu'on cherche à avoir un enfant ainsi que pour l'aspect romantique de la vie à deux que le mari ou la femme dorment avec le sommet de

la tête orienté vers son *nian yan*.

QI *ou chi*
Energie vitale de l'univers. C'est l'énergie qui nous fait vivre. Trop forte ou trop faible, elle sera négative et on l'appellera le *sha qi*. Equilibrée, on l'appellera le *sheng qi*. L'art du Feng Shui consiste à rechercher comment bénéficier du *sheng qi* et se protéger du *sha qi*.

QIAN *ou chien*
Le trigramme qui représente le nord-ouest, le chiffre 6. C'est le grand métal, le père. Il symbolise les mentors, les gens qui aident.

SHA QI
Energie difficile émanant d'une ligne droite ou brisée, d'un angle aigu. Ces lignes accentuent la rapidité de circulation des énergies qui deviennent trop fortes et

dangereuses pour l'individu. On voit d'ailleurs rarement ce type d'énergies dans la nature qui est généralement en forme de courbes et de méandres.

SHENG QI
L'équilibre entre le *yin* et le *yang* est atteint. Une énergie favorable se déplace emprutant courbes et méandres et apportant ses bienfaits sur son passage. C'est également le nom de la première direction favorable de notre *kua*, celle qui nous apporte prospérité et richesse. Il est particulièrement recommandé de l'utiliser pour travailler à son bureau en lui faisant face. La caisse placée dans le *sheng qi* du commerçant lui apportera plus de richesses.

TRIGRAMME PERSONNEL *ou kua*
Un des huit côtés du *ba gua*. En recherchant le trigramme de son année de naissance, on trouve ses directions favorables ou défavorables. Très utile pour connaître la meilleure façon d'orienter son lit pour bien dormir, ou son bureau pour avoir l'esprit le plus clair possible.

DAO *ou tao*
Philosophie fondée par Lao Tze qui prône de se conformer aux lois de l'univers. Le Feng Shui est une application pratique du Tao.

TIAN YI *ou tien yi*
La deuxième direction favorable de notre *kua*. Elle nous apporte la bonne santé. Si la configuration de la chambre le permet, les personnes qui dorment mal la choisiront pour mieux dormir.

TRIGRAMMES
Huit figures composées de trois lignes soit continues, soit brisées. L'empereur Fu-Hsi les a créées il y a 5 000 ans. Les trigrammes représentent les huit directions de la boussole.

TONG SHU
Almanach chinois, fondé sur l'attribution des éléments à chaque année, mois, jour et heure de l'année. En fonction de l'interaction de tous ces éléments, on peut déterminer les meilleurs jours pour tous les moments de la vie, des plus importants comme de se marier, voyager, déménager ou faire les moissons au plus trivial comme de se couper les cheveux. Il correspond un peu à notre calendrier des semis.

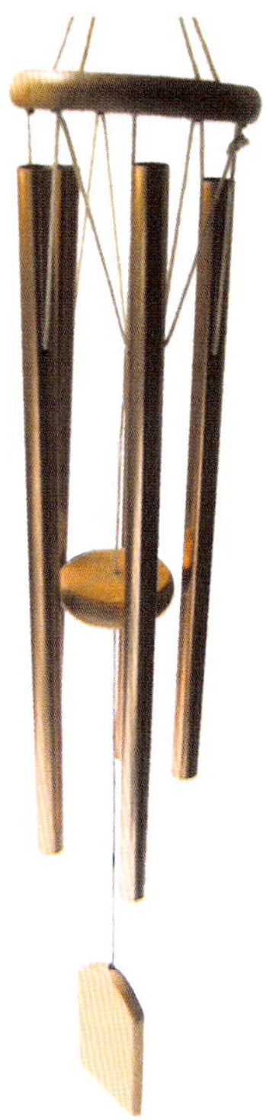

WU GUI *ou wu kuei*
La troisième mauvaise direction en fonction de notre trigramme personnel. Il n'est pas recommandé de dormir ou de situer son bureau en face de son *wu gui*, il y a incompatibilité entre cette direction et nos énergies.

XUE *ou hsueh*
Antre du dragon. Le meilleur endroit pour installer sa maison. Pour qu'il y ait un *xué*, il faut que l'on y trouve les collines des quatre animaux mythiques. Le *xué* est entouré de quatre collines; la tortue noire au nord sera la plus grande et protégera le site. Celle à l'est sera plus grande que celle de l'ouest, le dragon vert dominera le tigre blanc. Et le petit monticule devant, placé au sud, sera le phœnix rouge. La ville de Hong-Kong a été construite sur un *xué*.

XUN *ou sun*
Le trigramme qui représente le sud-est et le chiffre 4. C'est le petit bois, la fille aînée. Il symbolise la richesse, la prospérité.

YI JING *ou yi king*
Le livre majeur des Chinois,

le fondement de tout ce qui a fait la civilisation chinoise, depuis l'écriture jusqu'à sa philosophie. Le taoïsme et le confucianisme, ces deux philosophies majeures de la culture chinoise trouvent leurs racines dans le *Yi Jing*. C'est aussi le seul livre qui ait échappé à la destruction systématique de tous les livres en 213 av. J.-C.

YANG

Les principes positifs de l'univers : lumineux, masculin et montant.

YIN

Les principes négatifs de l'univers : sombre, féminin et descendant.

ZHEN *ou chen*

Le trigramme de la direction de l'est dont le nombre est 3. Il symbolise le tonnerre, le frère aîné.

DÉBUT DES ANNÉES LUNAIRES

1924	05 février	1954	03 février	1984	02 février
1925	25 janvier	1955	24 janvier	1985	20 février
1926	13 février	1956	12 février	1986	09 février
1927	02 février	1957	31 janvier	1987	29 janvier
1928	23 janvier	1958	18 février	1988	17 février
1929	10 février	1959	08 février	1989	06 février
1930	30 janvier	1960	28 janvier	1990	27 janvier
1931	17 février	1961	15 février	1991	15 février
1932	06 février	1962	05 février	1992	04 février
1933	26 janvier	1963	25 janvier	1993	23 janvier
1934	14 février	1964	13 février	1994	10 février
1935	04 février	1965	02 février	1995	31 janvier
1936	24 janvier	1966	21 janvier	1996	19 février
1937	11 février	1967	09 février	1997	08 février
1938	31 janvier	1968	30 janvier	1998	28 janvier
1939	19 février	1969	17 février	1999	16 février
1940	08 février	1970	06 février	2000	05 février
1941	27 janvier	1971	27 janvier	2001	24 janvier
1942	15 février	1972	16 janvier	2002	12 février
1943	05 février	1973	03 février	2003	01 février
1944	25 janvier	1974	23 janvier	2004	22 janvier
1945	13 février	1975	11 février	2005	09 février
1946	02 février	1976	31 janvier	2006	29 janvier
1947	22 janvier	1977	18 février	2007	18 février
1948	10 février	1978	07 février		
1949	29 janvier	1979	28 janvier		
1950	17 février	1980	16 février		
1951	06 février	1981	05 février		
1952	27 janvier	1982	25 janvier		
1953	14 février	1983	13 février		

INDEX

Nos plus vifs remerciements

au Grand Maître **Yap Cheng Hai**, le maître d'Hélène Weber, dont Eva Wong dit qu'il est un des rares "vrais" grands maîtres de Feng Shui enseignant de nos jours.

à **Lillian Too** qui, par ses écrits, a tant contribué à faire connaître l'art du Feng Shui aux Occidentaux.

à Philippe Mollon-Deschamps qui a créé la maquette du livre avec beaucoup d'intelligence et à l'illustratrice Pascale Testanière.

et à tous ceux qui nous ont encouragé,
tout particulièrement :
mon frère François et mon amie Yaguel Didier
- Hélène Weber

Raoul pour sa patience, Sébastien et Flore pour leur aide informatique
- Marie Anne Garcia Bour

Consultation et cours de Feng Shui par Hélène Weber

40 bis, avenue de Suffren
75015 Paris
Tél : 01 47 83 40 66
hweber@club-internet.fr
www.fengshui-village.com

adresses utiles

Cercle Sinologique de l'Ouest - CSO
17, rue de la Motte Picquet
35 000 Rennes
Tél : 02 99 31 97 97

Nature et Découverte
Liste des points de vente en France
Tél : 01 39 56 01 47
Boussoles et mobiles musicaux

Terre des Bouddhas
14, rue Guisarde
75006 Paris
Tél : 01 40 51 00 29
Objets asiatiques et de Feng Shui

Crédits photo

"La simplicité, c'est l'harmonie parfaite entre le beau, l'utile et le juste"
Frank Lloyd Wright

Un très grand merci à tous ceux qui nous ont apporté leur concours iconographique

ANNICK GOUTAL, rue de Castiglione à Paris p. 100
AVÈNE, p. 28.
GÉRARD BARRAU, architecte : boutique Résonances, p. 88, photo Françoise Lemarchand.
Centre Découverte PIERRE RICAUD, p. 98 et118 et SÉPHORA Champs Elysées, p. 90.
ANTHONY BÉCHU, architecte : photos Françoise Lemarchand, p. 42, 57, 65, 77, 81, Corse p. 105, Passy Plazza, p. 106 et 111, le Banville. Photos Augusto Da Silva, p.108 et 114, Fédération Nationale du Bâtiment, p. 109, îlot EdouardVII, p. 113, C.O.B., p. 116, 128 et 130, av. Hoche, p119, Cap Gémini et p. 123, HôtelVilliers. Photo Mathieu Renard p. 117, immeuble CHANEL place Vendôme.
JEAN CLAUDE BIGUINE INTERNATIONAL, à Paris, p. 49, 51, 104, 112, 120, 122/photos Jean François Jaussaud.
Gilles de Chabaneix, p. 62, *stylisme J. Pascal Billaud, Marie Claire Maison.*
L'Espace Mer DANIEL JOUVANCE, Champs Elysées, Paris p. 102
Jean Fauchon, p. 14 et 31, Galeries Lafayette, p. 119
JACQUES GARCIA, décorateur p. 53, 54, 70, 77. Photos Marc Walter, p. 4, 60, 79, Château de Champ de Bataille. Photo Marianne Haas, p. 68 Hôtel Costes, p. 93, Restaurant L'Esplanade à Paris.
HELENA RUBINSTEIN, Spa de New York p. 126
HUBERT LE GALL, créateur p. 44 et 48,
TERRY DE GUNZBURG, boutique By Terry, GALERIE VÉROT-DODAT à Paris, photos Marianne Haas, p. 103 et 125.
LE MAÎTRE PARFUMEUR ET GANTIER, rue de Grenelle à Paris, p. 97, Sabine Marchal pour TECHN'ART p. 58,
Philippe Mollon-Deschamps, p. 10, 11, 12, 20, 23, 34, 37, 58, 69, 71, 75, 83, 135 à 141,
Pictor, p. 121
L'OCCITANE, p. 9 et 95
Yves et Nadine Picant, CHÂTEAU HOSTENS-PICANT, photo Christian Martin, p. 33,
Michèle Richard du Montellier, p. 45 et 72
Mathilde Versini, p. 61
François Weber, p. 24, 86, 124 et 132.

Couverture
Photo H&L/M. Hoyle INSIDE.
Au dos, Michèle Richard du Montellier.

BIBLIOGRAPHIE

À propos du Feng Shui,
de Lillian Too, chez le même éditeur :

– *Guide illustré du Feng Shui*

– *Le Feng Shui pour le jardin*

– Coffret de Feng Shui

– Collection "*Initiation au Feng Shui*" :
• *Amour* • *Carrières* • *Education* • *Enfants*
• *Relations* • *Réputation* • *Richesse* • *Santé*

– *Feng Shui pour l'abondance*

– *Feng Shui pratique, formules pour la réussite*

– *Le Feng Shui sans peine pour l'amour*

– *L'Essentiel du Feng Shui*

aux éditions Le Courrier du Livre

– *Le Manuel du Feng Shui* de Maître Lam Kam Chuen

– *Pratique personnalisée du feng Shui* de Maître Lam Kam Chuen

– *Leçons approfondies de Feng Shui* de E. Wong

– *Feng Shui et couleurs* de S. Rossbach